东鳞西爪集

北京上河卓远文化传播有限公司　出品

东鳞西爪集

余斌 著

河南大学出版社

图书在版编目（CIP）数据

东鳞西爪集/余斌著.—郑州：河南大学出版社，
2016.1
ISBN 978-7-5649-2184-2

Ⅰ.①东… Ⅱ.①余… Ⅲ.①随笔—作品集—中国—
当代 Ⅳ.①I267.1

中国版本图书馆CIP数据核字（2015）第236455号

东鳞西爪集

著　　者　余　斌
责任编辑　谭　笑　曾　静
封面设计　周伟伟

出　版　河南大学出版社
地址：郑州市郑东新区商务外环中华大厦2401号　邮编：450046
电话：0371-86059701（营销部）　网址：www.hupress.com
制　作　北京大观世纪文化传媒有限公司
印　刷　河南省瑞光印务股份有限公司
版　次　2016年1月第1版　　　　　印　次　2016年1月第1次印刷
开　本　889mm×1194mm　1/32　　印　张　7.625
字　数　152千字　　　　　　　　　定　价　32.00元

版权所有，侵权必究
（本书如有印装质量问题，请与河南大学出版社营销部联系调换）

目录

1 代序

1 "并世译才数严林"
3 "林译"与对译制
5 "一名之立,旬月踟蹰"
7 王国维不买严复的账
9 梁任公的稿酬
11 同文馆之怪现状
17 一校两制
21 进德会的章程
27 陈独秀的脾气
29 何炳棣笔下的胡适
33 沈尹默的字与人
39 "爱智"是什么专业?

45	学历的门槛
47	刘半农修成正果
49	俞平伯半途而废
55	"梅光之迪"
61	"风流"汪静之
65	羞涩沈从文
67	钱锺书"骂人"
70	胡兰成：佳话制造者
74	叶德辉之死
77	"出土文物"郑超麟
80	"内部发行"
82	私生活
84	恋爱与革命
86	瞿秋白与《多余的话》
96	赛珍珠在金陵大学
102	梁实秋：不受欢迎的人
110	"四子"·"龙虎狗"·"四才子"
112	张荫麟"专打天下硬汉"
118	师生办刊
124	吴雨僧自摆乌龙

126	燕卜荪是谁？
132	乾坤大挪移
134	蒋公的面子
142	梁漱溟的傲气与勇气
150	远香近臭
152	朱东润与传记文学
156	"头条"与头条意识
160	金克木二题
164	抗"旨"不遵
170	蒋介石的婚姻大事
174	一桩旧案
180	钱穆酷评
186	冯友兰的大手笔
190	齐白石课徒
192	齐如山"不由恒蹊"
194	"勾心斗角"淘旧书
198	传播的法则
200	继续《搜索》
203	王福的作文

206 高高在上
208 色情与情色
210 人以群分？
212 意淫
215 制造感动
217 "性情中人"
219 梅什金公爵与贾宝玉
221 两个蠢人
223 演讲与清谈
225 丁香花开

代　序

因缘巧合，自2012年5月起，我在《南方都市报》上开了个专栏，名为"东鳞西爪"，前后大概有一年半的时间。本书即是那批专栏文章的结集。除了个别篇目，全在这儿了。得感谢"南都"该栏目的编辑侯虹斌女士，她的督促终使我能善始善终，维持不坠；她的近乎照单全收予我莫大的自由感，"拉到篮子里就是菜"的东拉西扯也才成为可能。然该专栏毕竟是文史性质，个别近乎生活小品的文字，自家也觉"跑题"太过，故抽掉。另有十来篇，与"史"无关，多是由今事引发的议论，却也不是"时评"，不知该如何归类，权且集中在一处，放到最后，目录上前面部分间以空行，稍事区分。

专栏的规定性首在它的字数限制，一篇千字之谱，要交代人与事，时而还当有所发挥，实非易事。幸而"南都"文史版有一优惠政策，即一篇文章可一分为二或一分为三，如同迷你型的连载，至少于我，这是福音。收在这里的文章有不少刊发时是分作上、下，或上、中、下的，有些另拟了题目，其实一看便知是连续性的。"分久必合"，现在就让其合上,汇为一篇。然上、中、下也不过三千字,写到一人、一事,如还有话要说,就只好另起炉灶。为阅读的方便,这里就将相关者附在"主"文的下面。

饶是如此,当时就觉得,经常还是意犹未尽。打一枪换一个地方自有它的好处,另一方面又似一波未平,一波又起。现在事过境迁,无可如何了。

专栏例有"开栏语"和"结栏语",我的开栏语题为"拉到篮子都是菜",属没话找话的"破题",结栏语题为"民国不是乌托邦",发了点感慨。现在原封不动拿过来,置于书前,权充书序。

一

说起来我也算是给报纸写过专栏的,而且从话题上看,都还称得上"专":〇六年世界杯那会儿,"君子好球"起来,"好"了一个多月。此外就是关于书的,"书外谈书""闲言·碎语"之类。然而其实并不晓"专栏"是个什么"东东"。此次正经八百要写专栏了,——我是说,定期要交租子的,而且须持续相当长的时间,——忽然于"专栏"二字恍惚起来。

也许是学中国现代文学出身,一说到"专栏",马上想到的是鲁迅对"语丝"文章的描述,"任意而谈,无所顾忌";又或倡导小品文的林语堂所谓"宇宙之大,苍蝇之微,皆可入我毫巅"。事实上他们说的都不是写专栏,只是我觉得专栏文章若有"体",那也该就是这样了,所不同者,只是报刊上的专栏乃是定期而非活期,且有固定字数的限制而已。

"无所顾忌"是不现实的,你不顾忌也有人帮你顾忌,这倒与是否为专栏无关。好在自谓是个识相的人,且多年受教育下来,想放肆也放肆不到哪儿去。另一方面,"宇宙之大,苍蝇之微"倒是一个很实际的提示,不是说肚里有货,大至宇宙小至苍蝇皆能入我彀中,也不是说有信手拈来,皆可谈得津津有味的本事,而是说,专栏未必就一定要"专",大可不必再在话题上画地为牢。写专栏好比闲聊的延伸,闲聊之际,正不妨升天入地,东拉西扯,任意而谈。一回生,二回熟,从话题到腔调,好歹不论,与聊者也能知其大概。固定的人在那儿写着,趣味就是那趣味,也勉强算是得一"专"字。

老实说,拉大旗做虎皮,搋出"宇宙之大,苍蝇之微"的说头,也是与己方便的意思。试想当真找到一个集中的话题"专"起来,且一"专"数月地说,哪有若许多的货色?倘挖空心思去攒话题、找材料,则闲聊式的轻松难以维持不坠。话虽如此,大致也有个范围,因是以读书为业的人,自不免话题多从书上起,读书凡觉有意思处,便即书里书外,拉杂道来。"拉到篮子里便是菜"之讥恐在所难免,唯此话太白,故另拟一个,叫作"东鳞西爪"。

二

人到中年，时间在感觉中便呈现为加速度，一年半载的，真正是"倏忽之间"。现在要给专栏一个收梢，发现从开始到现在，居然已近一年半的时间。每周两篇稿子，对真正的写家或许是举手之劳，对如我样的懒人，没误事地写下来，则是个不大不小的意外。

事先并无周密计划，故我给专栏起了个"东鳞西爪"的名，未尝没有偷懒的意思，——以便什么都可以往里放。刚开始也的确是信马由缰，交稿期将临，想到什么，就是它了。但是渐渐地，因为"南都"该版面的"文史"属性，也因个人的知识背景及对民国年间人与事的兴趣，所写便集中到这里。虽然也还是比较随意，大致却有了个范围。

好多年前，在一本书的后记里曾捎带着略志对民国时代的向往，借张爱玲的比方，说那于我仿佛也是个"橙红色的年代"。我当然知道那算不得什么太平年月，所向往者，是在动荡战乱背景上犹自显出的一种混沌初开的阔大气象，以及较现今更开放自由的思想。以我看来，那时的人也更具可能性，人格上更得飞扬之致。这种感觉到现在也还是构成我那些专栏文章的底色。我想与我有同感的人不在少数，否则哪来近年社会上愈演愈烈的民国热？

中国历史上曾经有过的辉煌，怎么也轮不到民国，——想想看，短短几十年，军阀混战、八年抗日、国共内战，去所谓"盛世"远矣。之所以令今人不胜怀想，实因那是中国迈向现代之始，且去今未远，而今日中国，又还正在现代化的十字路口，自有某种可比性。

但是说成"橙红色的年代"当然是抒情化了，将民国与1949年后的大陆对立起来，对国共两党一抑一扬，褒贬分明，甚而有意无意将民国乌托邦化，实亦大可不必。事实上以两个时期的执政党而论，许多地方倒真是如出一辙。近读王鼎钧的回忆录，书中说到蒋介石白色恐怖之下一些文化人内心的纠结：追随国民党来台，原是为了自由，早知如此，何必当初？最后用以自慰的，是海峡对岸的情况：三年"自然灾害""文化大革命"……有此对比，对自己的选择方觉心安理得。如此而已，岂有他哉？王的感慨应该是我们"抚今追昔"的某种参照。我们总不至于只能在"糟"与"更糟"之间做选择吧？

说这些有点离题，因我的题目有好些是趣味主义的，史的辩证也非我所能，所写又多见出那个时代姿态横生的一面，——了结专栏，本当"曲终奏雅"，我这即使不算自我消解，也属另生枝节了。但是，何妨以不了了之？

想到这些，便写下来，由它。

"并世译才数严林"

严复与林纾，经历、背景很不相同，只因同为名重于时的翻译家，常被相提并论。有桩关涉二人的轶事广为流传，看到过大同小异的各种版本，我已搞不清出处了，不过"本事"是不会错的。——说康有为赞林纾的翻译，有"并世译才数严林"之句，不想一句话得罪两个人。林不领情：是给他的题诗，怎么不是"林严"而是"严林"，让严几道占先？严听了不悦：林琴南外文大字不识一个，与己并称，岂不是笑话？

严复译书，多为学术著作，林纾所译，大率小说，各领风骚，在各自的领地里都是头牌，且文体各别，原是不宜比较的。"文无第一，武无第二"，翻译同样不好排座次。然而文人相轻，圈内人一提起翻译就是这二人，他们心里不免就有个计较。事实上单看场面上的话，二人对对方似乎皆颇为推重，严复《赠林畏庐》诗中写"尽有高词媲汉始，更搜重译到虞初"，另诗中有"虞初刻露万物情，东野受才逊雄鸷"之句，古文之外，都夸到林的翻译；林对严复的翻译更是恭维有加，赞誉之词，《畏庐文集》里就不少。只是古人的诗文，一项重要的功能就是应酬，严、林二人明面上的相互推许，也只能以应酬视之。

同样的面上一套，私下里一套，心理上占上风的还是严复。不通外语，终是林纾的软肋，虽然他将很多误译皆推到为他口述的人身上，但在严复这样的译家面前，未尝不心虚。所谓上风下风，场面上的虚套不能算数，还要看究竟谁把谁更看在眼里。严看不上林是自然的，随便林是赞是弹，他不会往心里去。倒不是因为自家是"海龟"，林纾是"土鳖"，又或他译的是论著，林译的是说部，——关键是林离了人为他口述就玩不转，且对"西学"所知甚少。王国维因曾往日本留学，不能算是"土鳖"，然与严复留英多年，浸淫西方文化之中相比，资历上还是大大不如，但王后来在严的翻译上挑眼，严复恐怕就不能像对待林纾那样掉以轻心了。

至于林纾，虽然在名声上时或要与严复争高下，对对方的评价却还是很在乎。他给严复六十大寿的贺寿诗里有云："盛年苦相左，晚岁荷推致"，——等于承认过去不相得，而对严后来的称道，歉词的后面，是颇为上心、受用，读来不像是"虚应故事"。虽然据说严复"晚岁"对林纾并不怎么推许，或是林将客套当真也未可知。果真如此，那只能说来自严复的推许，恰是他期待的。

"林译"与对译制

林纾不通外语而能成为翻译大家，今天看来，岂止是不可思议，简直是滑天下之大稽。然而清末民初"林译"不胫而走却是事实，而当时译界风尚，千真万确，就是由林琴南引领。没有人会质疑林作为译家的资格，——现在的人不解，实因不合现而今翻译的"章程"，而翻译的"章程"，并非从来如此。"林译"成为可能，乃是因为当时盛行的是对译制。

现而今说"对译"，指的是不改变原文结构，仅在必要时调整语序的翻译方法。所谓"对译制"则是佛经翻译过程中形成的"章程"，即翻译时二人合作，一人口译，一人笔录、润色成文。近代是唐人译经后历史上的第二次翻译高潮，当时的人想起翻译的老章程，也算是"按既定方针办"，乃是顺理成章之事。这就给林纾这样不通外文的人译书开了方便之门，——有个通外文的人将原文大意说给他听就行。

岂止是方便？对译制直接造就了"林译"的神话。林纾译小说，速度惊人，口述者这边译述内容，他那边笔不停挥，据说往往口译方毕，他已掷笔起身，一小时可得千言。有客来访，他可一边应答，一边照译不误。传说或许不无夸大之处，亦必是他状态最佳之时，然将他熟极而流，能于口译者译述中听话听音、心知其意，以及彼时大而化之的"意译"等因素考虑在内，也还是惊人。这还是拜"对译制"所赐。试想一人翻译，又须读又须译，哪来如此神速？事实上他的不通外文倒助成了他的神速：他只须对口译出来的内容负责，免去了面对原文时的举棋不定。

彼时不按对译制老章程来的译家是有的，严复就是。他一人独任其事，那边厢林纾文不加点，下笔千言，这边厢他兀自为"一名之立，旬月踟蹰"。当然，林纾译的是小说，严复译的是学术著作，不过前人译经，同样有立"名"的问题，不也是对译？

严复肯定不是一人独行，不过当时大行其道的，还是对译制。彼时的周氏兄弟译书也采此法，《域外小说集》就是周作人口译、鲁迅笔述而成。二人都通外文，后来也各自做了大量翻译，完全可以采用今人的办法，一仍旧贯，说明老章程还是有惯性的。

遥想兄弟二人译书时情景，比之于一人伏案的寂寞，倒也别有一种暖意。

"一名之立,旬月踟蹰"

严复不仅是大翻译家,也是近代数得着的启蒙思想家,只是他启蒙思想家身份的获得,大体上还是假道他的翻译。林纾译书起初是玩票性质,不意玩出名堂,干脆下海;严复则从一开始就当作经国大业,自然殚思竭虑,一字不苟。"一名之立,旬月踟蹰"的严复像一位苦吟的诗人,不同处是古人的"吟安一个字,捻断数茎须"是在已有的字眼里"险觅""狂搜",严复则是在西方概念与汉语词汇里寻找对应,"上穷碧落下黄泉"亦难得其"安",因为每个概念后面都有很多需要诸多解释的名堂。

严复说他为一个词的翻译能犹豫上个把月,决非虚语。甚至"银行"这个词也让他举棋不定。其时英语的 BANK 早有人从日语搬过来,译作"银行",并且此译已经很流行了,严复考虑再三,在《原富》中还是音译为"版克"。干吗要多此一举?他解释道:"版克此云银号,又曰票号、曰兑局、曰钱店,其实皆版克也。所不当云银号者,以其业不仅银;所不当云钞局者,以其事之异古。而票号诸名又嫌不古,不若直译其音之为当也。"严复揭橥的"信达雅"的翻译标准是人所共知的,"不古"其实就是不够"雅"。林纾不通外文不谙西学,无知者无畏,译书径奔"雅"字就去了;严复固然追求"雅",对"信"与"达"亦念兹在兹,就觉现成的说法,如"钞局""银号"等,与 BANK 同中有异,不能曲传其意,不如干脆音译,于是有了今天看来很别扭的"版克"。"版""克"二字古已有之,放在一起却不知所云,意义被掏空,只剩下音。这固然杜绝了就着中国已有事物生出的似是而非的比附联想,另一方面,于他追求的"雅"却是越发地远了。《原富》里音译的词不在少数,"版克"之类较已有的说法更为生硬,试想不时地出现音译词语,如何"雅"得起来?

事实上严复经常在"信"与"雅"之间挣扎,他在"雅"上面下的功夫,当然也是"一名不立,旬月踯躅"的一部分。假如"版克"这样的普通名词都让他踌躇再三,那抽象的概念当然就更要绞尽脑汁。《天演论》在当时可称学术畅销书,译文的古雅是该书不胫而走的原因之一,一本鼓吹进化论的书,"进化"当然是关键词,严复舍已有的"进化"不用,以"天演"译 evolution,自属向"雅"的努力,而"物竞天择,适者生存"几成新派人士的口头禅,他说"物竞、天择、效实、储能诸语,皆由我始",言下也是不无得意的吧?

王国维不买严复的账

作为首屈一指的大译家,严复对自己的翻译颇为自信是顺理成章的。他曾在信中说:"……有数部要书,非仆为之,可决三十年中无人可为者。"这话说来一点不托大:林纾译的那些小说,换个人也办得了,虽然未必那样文采斐然,若他翻译的《原富》《群己权界论》《法意》等大著,不是像他这样精通西学的,谁办得了?所以这个账当时的人应该大都是认的。

不是没有微词,——《原富》的一些译法就在《新民丛报》上引发过一场讨论,梁启超对严复以"计学"译 economic(经济)、对严过于追求译文的古雅,都有商榷之意。黄遵宪等人也有话说。然而,都属"微词"。真正对严复不买账的,似乎只有王国维。严复有狂傲之名(曾纪泽斥严复"狂傲矜张",郭嵩焘也曾提醒严复"今负气太盛者,其终必无成,即古人亦皆然也");王国维则是谦谦君子(好像只是对自家的词作自负得有点离谱),罗振玉曾请其译编《农学报》,他自谓译才不如沈,就荐其任之,自己协助。但关乎学理,则当仁不让。他在《论新学语之输入》一文中对严复就不大客气:"侯官严氏,今日以创造学语名者也……造语之工者固多,而其不当者,亦复不少。"赞其"工"是礼貌,责其"不当"才是重点。而且他拿来挑刺的,没准就是严的得意之笔,比如evolution译为"天演",sympathy译为"善相感",他之不以为然,溢于言表:"'天演'之于'进化','善相感'之于'同情',其对evolution与sympathy之本义,孰得孰失,孰明孰昧,凡稍有外国语之知识者,宁俟终朝而决哉?!"这是针对严复自创之词,对严的好用古语,王国维也觉不足为训,他举出的例子是严译space(空间)为"宇",time(时间)为"宙","以外类此者不可胜举"。

王国维未曾一一指出,实因他所关注者不在一词一语之辨,而在译界之大势。他最不耐的是严复不肯延用日本人已有定名的译语,——"进化""同情""时间""空间"这些都是。在他看来,"日人之定名,亦非苟焉而已,经专门数十家之考究,数十年之改正,以有今日者也。"自创新词,比日译还难懂,既然如此,干吗不用?

事实上严复也不是一概不用。《天演论》目录里就可见到"进化"一词,有何微意,这里是不是多此一举,且不管他。只说当时的王国维人微言轻,所说未必能扭转风气,但后来的翻译,确是走上了他希望的那个方向,严复"旬月踟蹰"自创的许多术语均败于日译,现代汉语词汇中日语出身者,委实不少,只是我们已经习焉不察了。

梁任公的稿酬

事有"不足为外人道"者,亦有不可为外人道者。"不足为外人道"者,或因事至琐屑,不足挂齿,或因"道"了"外人"不解,总之是不值。"不可为外人道"者则事涉保密,关及隐私,要不就是私下的约定或交易。稿酬这东西似乎是没什么机密可言的,但也像别事一样,总有特事特办的时候,这时候不能讲公开透明,以天知地知你知我知为好。

《梁启超年谱长编》里有不少任公与商务印书馆元老张元济之间的书信往还,颇有些关及稿酬的议价,最有意思的是张有一信中叮嘱任公,对给他的高稿酬不可声张:"前订撰文之约,即自本月为始。弟等之意,仍以按月致送为宜,文兴浓时,可以多做,反是则减少。(千字二十元乞勿为人道及,播扬于外,人人援例要求甚难应付。)"可知此前二人当是谈好了稿酬标准,也就是每千字二十大洋。这在当时绝对是稿酬的最高标准。事在二十年代初,其时胡适、鲁迅等都已是最具号召力的作者,报章杂志对他们都给予头等的待遇,也不过千字五至六元(三十年代《申报·自由谈》给鲁迅的是千字六元,《作家》某次以千字十元用稿,已属特例),年轻作家则每千字稿酬只有一两元。难怪张要求对稿酬事秘而不宣。

不仅为报章杂志撰文的稿费,梁出书的版税也是他人难望项背的。他抽的版税是百分之四十,即以书价为准,售出一本书,四成的收入归他。须知三十年代抽版税很高的鲁迅,通常所得是百分之二十到二十五。倘都按任公的标准,出版商纵使不是无利可图,所得也就甚微了。

但是怎么可能"人人援例要求"呢?世上有几个梁任公?梁任公的招牌是早早就创下的,当年登高一呼,应者云集,"笔锋常带感情"的报章体风行天下,笔锋所向,当者披靡,以对读者的号召力而论,无人能出其右。新文化运动之后,梁的影响已不能与前相比,胡适、鲁迅等更是领风骚的人物,不过他余威仍在。而且他是长一辈的人,合当受到更高的礼遇,小字辈谁会向他攀比?至于同辈的人,或声望不及,或不能如他一般仍著述不辍且乐于活跃在报章杂志上(比如章太炎)。

事实上没有不透风的墙,纵使梁启超自己缄口不言,一点不外传也是不可能的。商务等敢于为梁开出超高的价码,恐怕还是因为不可能有什么人要求援任公之例的缘故。

同文馆之怪现状

一

说清末兴办的京师大学堂为中国近代高等教育之始,是不会错的,说大学堂是第一所现代意义上的大学,也没错。只是不能照现在的大学去"以今视昨",因大学堂不仅是学府,还是教育管理机构,有点古之"太学"的意思,是最高学府与教育部的合体。

京师大学堂往前追溯不出"前身"来,硬要搞"追认"的话,京师同文馆没准可以拖进来,因这个早几十年创办的机构(1862年)后来并入了大学堂。然同文馆的目标是培养翻译人才,再加上一项译书,大体上是外国语学院的性质,去大学远矣。故"追认"只能由北大外语学院来搞,——事实上也是如此。

与京师大学堂的"志存高远"、继往开来不同,设同文馆的目的很具体很实用,恭亲王奕訢等人在给清政府的奏折上说得很明白:"欲悉各国情景,必先谙其言语文字,方不受人欺蒙。"其时国门已开,向以天朝自命的古老帝国在被西方列强逼着知晓朝贡之外,尚有"外交"一说,洋人有通中文的译员,清廷则无通洋文的人可用,打起交道来,岂不是等着被蒙?于是同文馆应运而生,就附设在"总理各国事务衙门"之下,等于外交部直辖吧。

北大外国语学院官方网站上称"京师同文馆正是清政府兴办的第一所现代意义上的大学"无疑是将同文馆升格了,——不说它大体只是工具化的外语培训,离正规化的专门学校,它也还差得远,课程设置除洋文之外,最初只有一点天文、算学,"大学"云乎哉?倘因其"历史意义"去追认还算有点面子的话,按以馆中当时教与学的实际情形,实在是不认也罢,因其差不多可以"乌烟瘴气"一言蔽之。

"名不正则言不顺,言不顺则事不成",同文馆之名为"同文"应该是有说法的,只是我到现在也还没闹明白。要学洋文,分明是因不同种而文不同,何以倒叫作"同文"?与同文馆差不多同时,应李鸿章奏请,上海还设立了一个"广方言馆",开始是叫作"外国语言文字学馆""同文学馆"的,后来就以"广方言馆"名。"广方言"者,推广方言之意。清廷对外语乃是以方言视之的,——虽然洋人已是打进门来,这命名中还是有以万方来朝的中央帝国的意识。"同文"的消息,就当以此求之吧?相映成趣的是,同文馆原习英、法、俄、德四国语言,甲午战争后,又添了日文,叫作"东文馆"。何不径称"日文馆"?据说有一因是清廷官员认为与此蕞尔小国交兵很是丢人,中日不可并称,故甲午中日之战名之为中东之战。依此理,日文也就名为"东文"。

在这样氛围中的同文馆,——一所外国语学校,故事也就多了。

二

我曾在法国一所大学的中文系教过一年中文,中文当然是他们的外语。我发现与法国学生相比,国人学外语的劲头,真可以用"疯狂"来形容(所谓"疯狂英语"的确也很风靡)。以今日大学外语系的热门,还有以"新东方"为首的各种外语补习学校的遍地开花,实难想象,当年的京师同文馆竟是门可罗雀的状况。

同文馆开办之初,根本招不到人。彼时的中国,没人想留学,更没人想移民。读书人一念唯在科举,念书是要出路的,同文馆念出来干什么?当译员,译员是几品官?当时人的眼中,也就是个书办之类的"吏"吧?是故门槛虽低,却是无人肯入。最初的情形,近乎搞摊派,即命于旗人的官学里挑选。这是奉命调学生,托人情的不少,却不是要进去,乃是躲过上命,一如躲过抓壮丁。不谈日后前程,从观念上讲,学了洋文,便等于降了外国。故入同文馆几同丧失了名誉的人。家中有去当学生的,便被人看不起,乃至于闹到要断绝亲戚关系的,亦不鲜见。

如此这般,要招到学生,只好以利诱之,给予优厚待遇。起初是每月三两银子,仍乏人问津,就再加码,入学一两年后加到每月六两,再往后八两、十两,最高可至十二两。其时翰林在达官贵人家教读,每月至多也不过八两银子。而且除了衣服,饮食起居,都是馆里供给的,伙食还来得个好:六个人一桌,四大盘六大碗,夏天一个大海,冬天换作火锅,一桌菜要六两银子。吃不够再添,不愿吃再随意点,熟人来了可留饭,一文钱不花。这就见得同文馆学生之阔得不一般,以至馆中的洋教员要慨叹,世界上学生的待遇,没有比这更好的了。

另一方面,世上的学生像同文馆就读者那样不像话的,恐怕也少有。同文馆也算是最早分班级上课的了,但最初的课上几乎见不到人,学生十天半月不到馆是常事,故十有七八,连洋教习长什么样亦不知。偶尔一来,却是为了支膏火银子(即津贴),别时若来,亦不为上课,多半是约几个朋友吃饭聊天,倒似来下馆子。

风气如此,同文馆造就了什么样的人才,也就不问可知了。自同治二年到光绪十年,同文馆开办二十年间,居然就没有出过一个会洋文的。某次清廷在西北与俄国有交涉,须通俄文的译员,便到同文馆去找,七个学生被送到军机处去考试,七人中一人学俄文已有十三年,余者学过七年,考下来居然唯一人能将俄文字母念全,另六人最多者不过识得一半。难怪军机处大怒,下文到同文馆,大加申饬,谓为"不成事体"。

三

最有意思的是,馆中学生偶有稍知用功者,用功处也在古文，不在洋文。这多半是住馆的孩子。同文馆的学生年龄上参差不齐，最初都是十三四岁的学童，托不到人情被强迫调来的旗人子弟，后来才渐有考过功名的汉人加入。学童文墨未通，馆中因又有汉人教习教汉文，所授及教法一如私塾。同文馆是学洋文的机构，跑到这里来"之乎者也"，不是南辕北辙吗？原来入馆之初，家长都叮嘱过的：洋文，能不学就不学，好在馆中也教汉文，这上面多用功就是了。——也难怪，都是赶鸭子上架被逼来的。

学生如此，教师如何？同文馆的洋文都是洋教习授课，而洋教习大多是拿钱不干事的主儿。总理衙门下面有个税务司，是与各国约定通商后管抽税的，国中无人知税务，便由英国人赫德管着。据说凡洋人来华，都由那一国的公使先介绍到赫德这儿，求派差使。不懂中文，任不了海关的事，就先派到同文馆充教习。当着教习，一边就可学中文，于是同文馆好似成了洋人的驿站，权且过渡。荒唐的事也就来了：学生避洋文唯恐不及，故洋教习这边较教汉文的课更是冷清，偶有人来应卯，也不过是来和洋人扯闲话聊天，洋人乐得借这机会练习说中国话。在这样一个学洋文的专门机构里，仿佛师生易位，洋教习之学中文获益，远过于中国学生之习洋文。从这情形看，竟不知这是中国人学洋文的学校，还是洋人习中文的所在。打个比方说，原该是北京外语学院的，事实上成了北京语言大学。

同文馆原本人浮于事，根本无所谓"制度建设"，洋教习滥竽充数，自然没人管。这里面不要说够得上称学者的几乎没有，本国文通了的也没几个，反正阿猫阿狗，只要有个洋人身份，税务司肯介绍，就不愁在同文馆混不到饭吃，而且待遇从优，这是从同文馆到大学堂，奏议里都写明了的。即使要管也管不了，因洋教习的任免之权，皆操于洋人执掌的税务司之手。

辞退洋人教习的事，似乎是民国年间才有。我所知道的，是蔡元培接掌北大后。北大接的是京师大学堂的盘，起初的班底，就是京师大学堂的人马。蔡甫上任未久即公开发表演讲："大学者，研究高深之学问也。"改革大幕，自此拉开。其中一项，是人事的任免，引人注目的当然是陈独秀被聘为文科学长，一批有新思想的年轻人登上北大教席，与此同时，少为人道的是，一些混事的洋教员被开掉了。这些人，十有八九，就是从同文馆并过来的。蔡元培虽主张兼容并包，然学习西方，倡导新文化，其意甚明。只是这与开革不称职的洋教员，实为两事。以今天的话说，这也称得上是一种"民国范儿"吧？

一校两制

一

在《读库》上读到一篇名为《西斋十年》的文章，才知道西人在中国以赔款办学堂，并非始自清华，在山西已有先例，即是以山西庚子教案赔款开办的山西大学堂。

义和团运动中，各地针对洋人及教徒的杀戮频频发生，山西教案是最大的一起，计有五十九人被处死，包括妇女和孩子，不少传教士全家被杀。为了结此案，新任山西巡抚岑春煊想到了因热衷文化传播且与清廷大员颇多往还的传教士李提摩太，请他出面斡旋。李提摩太拿出的方案特别处在于，对案犯从轻发落之外，他建议将巨额赔偿用来办学，具体地说，即是以罚银五十万两在太原办一所"西式大学"。

该方案虽被采纳，但即使是请出李西摩太的岑春煊也是不情愿的，"实以迅了巨案为中心，并非真冀收育才之效也"。是否能作育人材非其所计，另一方面，岑春煊（还有山西官绅）还担心洋人"侵我教育主权"，这就不难理解，何以他在与李西摩太签订了《中西大学合同八条》之后，又紧锣密鼓地弄出一所"山西大学堂"来。

其时恰逢清廷颁布"各省于省城均设大学堂"的上谕，岑借其东风，奏请开办"山西大学堂"，以与洋学堂分庭抗礼，——自然是照准。当李西摩太带着一帮洋人教习来履新时（按照协议，拟议中的"中西大学堂"由他主持一切），他发现过不几天，一所与西式学堂迥异其趣的大学堂就要开学了。联系到他对岑的了解（"……一位排外的政府官员……那人曾千方百计反对西式教育的大学。他曾经去欧洲旅游，写了一本游记，对他看到的一切好的事物极尽诋毁之能事"），李提摩太当然意识到此中的玄机，故他极力反对。作为替代的折中方案，他主张合二为一，如此既不浪费经费，又可避免中外的对立与不和，庶几不违创办"中西大学堂"的初衷。归并为一的学校可以就称"山西大学堂"，一部专教中学，一部专教西学。

这项提议双方讨论了两月之久，中方总算确认"可无牵涉传教之嫌"，"断无主权旁落之嫌"，同意将中西大学堂并入山西大学堂，为其一部分，称为"西学专斋"。看起来这是一个双赢的局面：从李提摩太那面说，他的方案被接受了，从山西官绅这面说，这似乎是一次大吃小的兼并，仅凭"中西大学堂"成为"山西大学堂"之一部这一点而言，也可见出主权在我了。

与"西斋"相对的是"中斋"，专教中学。两斋从生源、课程设置到教学法，完全不同，"一校两制"，算得上中外教育史上的奇观。也可以说，这是特殊历史条件下打造出的一枚双黄蛋。

二

有意思的是,"中西大学堂"并入"山西大学堂"之前,还搞过一次民意测验。调查的对象是大学堂已招入的一百多名学生。不知道这些学生是奔着官办大学堂还是冲着洋学堂而来,想来是按照中方的标准招入的。民调的方式当然不是现在的问卷式,倒颇像是士子做策论,出的题是《合并利弊论》。据英人苏慧伦(后来任西学专斋总教习)的记述,一百零八篇作文中,六十八篇赞成,只有十三篇明确反对合并。他说他们的对手认定学生会站在自己一方,可稳操胜券的,不想结果大出意料。这是不是他的推测,不得而知。我很好奇的是,组织这次民调的人何以自以为胜券在握?另一方面,在山西那样闭塞的内地,惯于应试的考生做出这样的选择,会不会只是揣摸题意而已?

想象一下一校两制学堂的情形是有趣的。后来出现的很多教会学校,课程设置上都包括了传统教育的内容,很长一段时间里,聘来教国文的都是未受过新式教育的冬烘先生,新学堂亦如此,周氏兄弟上的南京水师学堂,也是一边声光电化,一边之乎者也,一边做《汉高祖论》之类。但这是将一点"国学"嵌入西学之中,二者并非呈分庭抗礼之势,而且校中学生是一体化的,总之还称不上"一校两制"。山西大学堂则全然是两个系统的并置。中学专斋实为书院的后继,学生不分班，也无教室，上课齐集一堂，唱名鱼贯而入，教师亦全体出席，按品级面南入座，学生则分坐东西两侧，且师生都须顶褂齐整。——颇似衙门里的情形。

西学专斋是另一种情形：师生之间甚为随意，学生、教习均穿着随意，课后则颇多交流。一样考进来的学生，进入西学部的当然也要适应，化学课上做实验，据说爆炸声和难闻的气味就曾让坐在前三排的学生惊得冲出教室。当然，很快也便适应。东斋、西斋互相瞧不起是可以想见的，东斋的学生就讥后者"数典忘祖""舍己之地而耕人之田"。但同时对西斋生活的丰富、活泼又不无艳羡之意。两部合搞活动也不是没有，比如全校师生都参加的运动会——体育在这小天地里也超越了政治、中西一把，这当然是西斋主导的。

但有一样，东斋的学生肯定不会羡慕：西斋于师生的尊卑固然淡些，另一方面管理却来得严格。校方与学生居然签订契约，凡旷课逃学者一律投入大牢。如此严刑峻法的校规，怕是古今中外都少见，从何而来，不得而知。

进德会的章程

一

上世纪八十年代初，宣传"五讲""四美""三热爱"，很是轰轰烈烈了一阵。当时就没记住，现在更没法想起了。倒是记得好多地方墙上的醒目位置常有"你好""请""谢谢"等礼貌用语的字样，标语似的。此外还有"请勿随地吐痰"的提示，就差没满世界说"禁止随地大小便"。见了就想笑，——耳提面命，仿佛全国人民都成了幼稚园中人了。书上读到北大进德会章程，甲种会员的要求是"不嫖、不赌、不娶妾"，我的反应类似：对高等学府中人（还是最高学府）为人师表者要求如此之低，太搞笑了吧？

事实上并不。记得有位老师断言行不通的，习惯哪是那么容易改的？国情如此嘛，他上课就仍很从容地往地上吐痰。凡大张旗鼓倡导提升道德水准、"新生活"之类，必在礼崩乐坏之时。"五讲四美"热闹之际，正是文革过后，"礼仪之邦"已然无"礼"可讲，基本的礼貌也荡然无存之时；蔡元培在北大发起组织进德会，恰因他接手的那个北大乌烟瘴气，已经到了不成话的地步。所谓"不嫖、不赌",并非空穴来风,都是有针对性的。"吾北京大学之被谤也久矣。两院一堂也,探艳团也,某某等公寓之赌窟也,俸坤角也,浮艳剧评花丛之策源地也,皆指一种之团体而言之。其他攻讦个人者,更不可以搂指计。"就是说,蔡元培罗列的这些怪现状,在彼时的北大不是个别行为,实已蔚成风气。据1913年即入北大预科读书的顾颉刚回忆,"那时的北大有一种坏现象:一些有钱的教师和学生,吃过晚饭后就坐洋车奔'八大胡同'(妓女集中地段),所以妓院中称'两院一堂'是最好的主顾('两院'指参、众两院,'一堂'指北大,其前身为京师大学堂)。"这是北洋政府的时代,但其风气延自清末,蔡元培掌校之前的北大,也还是京师大学堂的遗风。事实上《大清律》是明文禁止官吏涉嫖涉赌的,嫖娼者杖六十,接下来就是革职查办,赌则杖八十,钱物充公。也不是没有过当真的时候,与曾、左、李齐名的胡林翼早年就有过在妓家被抓的经历,若非一口咬定是平民百姓,恐早已翰林不保。但像一切礼崩乐坏的年头,到了清末,官场已糜烂到不可收拾,大清律已成一纸具文,再无半点约束力。

京师大学堂的乌烟瘴气,乃是清末官场的一个缩影。你会说堂堂学府何至于沦落到一似官场?须知蔡元培之前的大学堂/北大全然不是现代大学的概念。其人员大多不出以下几类:本身就是官员的教员、想做官而不得的教员、准备日后当官的学生。向官场看齐,理有固然。

我一直想看看进德会有什么惩处条款,似乎也只有犯规后规劝无效则开除会籍一条。在那样的氛围中，他律已然失去效力，蔡元培们只能求助于自律了。

二

成立进德会，并不是蔡元培到北大之后才有的念头。民国元年，他即与吴稚晖、李石曾、汪精卫等于上海发起进德会。会员分为三等：不赌、不嫖、不娶妾者，为甲等会员；其上再加以不作官吏、不吸烟、不饮酒者，为乙等会员；再加以不作议员、不食肉者，可为丙等会员。与北大进德会相较，三种会员的门槛大体相同，所不同者只是乙等中的个别内容（"不吸烟""不饮酒"）与丙等中的"不作议员"互换，拒仕归拒仕，嗜欲归嗜欲，也算是合并同类项。"进德"是为了成为君子，蔡元培将遵守这些规则称为"持戒"，各项要求加起来，恰是八戒，这也就是他们心目中君子的行为规范了。

八戒当中，不作官吏不作议员当时就被质疑，故入会者多为甲等会员，正与以后北大的情形一样。有次蔡元培与汪精卫、李石曾等三十余人乘船北上，在船上群议进德会事，三人而外，其他人非官员即议员，都以为官吏议员两戒可商，于是去此两项，另组一会，接受宋教仁的提议，就叫作"六不会"，蔡元培在内这群人都成为发起者。他们同时还发起成立了"社会改良社"，社规有三十六条之多，据蔡元培所说，与"六不会"旨趣相近，"六不"诸项，亦尽在其中。

但接下来政局动荡，袁氏当国，宋教仁被刺、帝制、复辟、贿选,一波未平一波又起,进德诸会并未产生什么影响,人也都走散了。蔡元培即是在"二次革命"失败后远走欧洲。等到1916年归来,他发现社会风气越发败坏。在江浙各省,他见到的是,"教育实业各界,凡斩然现头角者,几无不以嫖赌为应酬之具"。北京则"此风尤甚"。"尤可骇者,往昔昏浊之世,必有一部分之清流,与敝俗奋斗,如东汉之党人,南宋之道学,明季之东林。风雨如晦,鸡鸣不已。而今则众浊独清之士,亦且踽踽独行,不敢集同志以矫末俗,洵千古未有之现象也。"言下之意,民初尚有人发起进德诸会,而今这样的声音也归于沉寂。有此感慨,实因他曾在南洋公学同学会、译学馆校友会提议将不嫖、不赌、不纳妾三项写入同学会、校友会会章,而应者寥寥。这自然令他大失所望。

素有"集同志以矫末俗"之志,又激于北大的声名狼藉,蔡元培任校长之后再申前议,要将昔所未能实行者"试于此二千人之社会",也就是顺理成章的了。

三

与"六不会"的直截了当相比,"进德会"的命名听上去笼统些,但也没什么要解释的:求道德修养之提高而已。《易·乾》:"君子进德修业。"孔颖达疏:"德谓德行,业谓功业。所以终日乾乾者,欲进益道德,修营功业,故终日乾乾匪懈也。"蔡元培的"进德",当然是从这里来。北大以"新文化"闻名,道德亦有新旧之分,蔡元培一直念兹在兹的

"八戒"却并无"新"意,儒释道里都能找到根据,他强调个人操守对国家、社会的重要,也还是修齐治平的路数。盖在他看来,道德固有新旧,做人的基本却是一底线的概念。"进德会"所以称得上是北大最兼容并包的社团:其他团体大多或新或旧,泾渭分明,进德会则囊括了新旧人物。比如辜鸿铭是与新派人物水火不容的,进德会则他亦加入。事实上蔡的进德会旨趣书一经发布,校中便纷纷响应,不多时递交申请书要求加入者即有469人之众,几占全校人数的四分之一。

蔡元培显然希望进德会能包容更多的人,戒律唯在"惩后",不在"惩前",故在旨趣书中特别说明:"本会既往不咎。……凡本会会员,入会以前之行为,本会均不过问。(如已娶之妾亦听之。)同会诸人,均不得以为口实。唯入会以后,于所认定之戒律有犯者罚之。"可想而知,若无此条,不少人就要被拒之门外了。我们所熟知的一例是马寅初,他任教北大之前已有一妻一妾。他是留洋归来的新派人物,老北大纳妾者当不止此,逛过八大胡同的人当更不在少数。

蔡元培拟定的甲乙丙三等,在其意中是一由低到高的进阶过程,愈往上则持律愈难。丙等会员须戒烟、戒荤,最近佛家戒律,也最难做到,然乙种会员要求的不作官吏不作议员却似乎是蔡元培最在意的。故虽有过一次受挫(在北上船上讨论时八戒中唯此两戒被质疑,"进德"会变为"六不会"),他在北大仍重新提出来。在他看来,倘在别处不可行,这两戒在大学则是天经地义的:"教育者专门之业,学问者终身之事。委身学校而萦情院部,用志不纷之为何?且或在学生时代，营营于文官考试，律师资格，而要求提前保送，此其躁进与科举时代之通关节何异？言之痛心！"

尽管进德会最终取消了甲乙丙等之分（虽然蔡元培、范文澜、傅斯年、钱玄同、周作人、徐宝璜、康白情等申请为乙种会员），不嫖不赌不纳妾之外的五戒只作为个人可参照者，蔡元培却是视为原则的。正当着北大校长，后来又掌大学院，怎么能倡言不做官？那是因为，他不认为校长是官。倘他知道现今校长早已不啻官员，有部级、厅级、处级之分，他的章程也会改的吧？

陈独秀的脾气

中共的早期领袖中，陈独秀的脾气大是出了名的。多少也是因为资历摆在那里：彼时的中共中央，成员大多是他的晚辈，论声望则更是无人能与他相比。与党内同志辩论，他常以势压人，动辄拍桌子、掼茶杯。虽然事后有悔意，却只能是他自己认账，断不容他人挑刺，众人背后呼为"老头子"，隐然也有对其家长作风的忌惮之意。"一大"代表李达说他"恶霸作风"，甚且有言："这家伙要有了权，一定是先杀了人，再认错。"

脾气大，背后是强悍的性格。抗战时出于统战的考虑，中共中央曾有意让他回到党内，条件是对托派错误要认账，他的回答是："我决计不顾忌偏左偏右，绝对力求偏颇，绝对厌弃中庸之道，绝对不说人云亦云豆腐白菜不痛不痒的话，我愿意说极正确的话，也愿意说极错误的话，绝对不愿说不错又不对的话。"此话最能见出其性格。

性子烈、脾气暴的人容易走极端，然而有的时候，就要这样的人才能成事。我读本科时，有个其实没多少学术含量的问题在学界还争得不可开交：谁是新文化运动的主将？标准答案是鲁迅。我们系一老师说，应该是陈独秀。——大有力排众议的味道。事实上鲁迅当不了这个主将，胡适也当不了，唯陈独秀才是扮演大声疾呼、冲锋陷阵角色的合适人选，不仅因为他是北大文科学长、《新青年》的主编，更因为他正义在手万夫不当不管不顾的气概。不是说他没有反省的能力，晚年他对早先的经历有痛切的反省，但这反省也是不容置疑的，正在进行时的状态，更是不疑有他。

新文化阵营中没一个比他勇、比他猛，"分寸感"之类的字眼是他的词典里没有的。一个好例是关于白话文。以白话代文言，乃是胡适倡于前，他从美国寄来一篇《文学改良刍议》，主张堪称"石破天惊"，态度上却是不温不火，"刍议"嘛，商量着办而已。陈独秀读此文当有正中下怀之感，因从中找到了传统文化的突破口，但胡适温文尔雅的态度显然让他大觉不过瘾，于是很快撰成《文学革命论》，将胡适的"刍议"比为"首举义旗"，说是"予愿拖四十二生大炮为之前驱"。给胡适的信中则说："独至改良中国文学当以白话为正宗之说，其是非甚明，必不容反对者有讨论之余地，必以吾辈之主张为绝对之正确，而不容他人之匡正也。"——改良升格为"革命"，有商量变成没商量了。

以今视昨，陈独秀文章中尽是过头话，然他的脾性见之于文字，不说过头话反倒怪了。掀起一场运动是其初衷，凡运动，难免戏剧化的成分，就像陈文中三个"推倒"三个"建设"的排比句式。

何炳棣笔下的胡适

一

胡适近年来大热,坊间杂忆一类的书出过好多种,"我的朋友胡适之"这样的文章许多人写过,编起来较其他人物更容易。只是我见过的几种都未收入何炳棣《读史阅世六十年》一书中忆胡适的一章,实有遗珠之憾。(这或者也该怨作者:他追忆师友,如雷海宗、闻一多、丁良则、冯友兰等,均以所记之人为题,记胡适一节则藏在"哥伦比亚大学(下)"一章的"专忆"里,虽然所记内容均较上述多数篇目都来得丰富。)

在我看来,何对胡适的观察和议论较许多与胡有更多交往的人更来得"此中有人"。早有人对我说起何是位头角峥嵘的史学家,在此书中论人论事亦见出他的自负,钉是钉,铆是铆,决无敷衍之词。比如关于胡适史学上的成就,唐德刚曾说道:"学历史的人当然要说胡适不懂现代史学,但那目空当世我的朋友何炳棣就硬说胡先生不世出。"——当然是以何深通现代史学方法的权威身份为胡适护驾,何却在文末特意指出唐误会了:"我对胡先生的景仰之处绝不是他的史学,而是他在整个二十世纪中国独特的历史地位。"这等于明言他对胡适治史不佩服,有意思的不是估价本身:唐德刚的话已显示"胡适不懂现代史学"并非个别的议论,只是大约没几个人会如此斩截地道出,一篇"专忆"胡适的文字以这样"绝不是"的句子收尾,作者也真是"绝"。

何炳棣多处说到胡适待人接物宽宏中庸的不可及,自谓不能做到,他自己的直来直去,从"绝不是"三字里也就可见一斑。人们通常都希望与通达人情世故的人打交道,但至少读回忆性的文章,我们宁可多碰上像何氏这样有脾气不通融的作者:有"料"他会爆,有看法他不会藏着掖着。

有段"料"在别处似乎读到过:他曾旁听邓之诚先生的课,邓反对白话文,学生试卷中凡用"的"处他均改为"之",又每在课上仪式性地大骂胡适:"同学们,千万要听明白,城里有个姓胡的,他叫胡适,他是专门地胡说。"有人怀疑邓除了出以"公心"对白话文的反感之外,还有对胡的"私愤",因胡适早期的小说考证得益于邓的札记而未明言。虽然说有"有待详考",何在这里记上一笔,多少也就有几分采信的意思,——存疑也是因为他"有疑"。

胡适"目空一切,粗犷不拘,恣意戏谑,大失公允"的"阴暗面",在景仰胡适的人的笔下,确乎少有提及,何举了两例。一是胡适说陈寅恪:"他就是记性好。"一是说马寅初:"每天晚上一个冷水澡,没有女人是过不了日子的。"陈、马都是为世所重的大学者,胡戏言中多有鄙薄之意,照何的判断,乃是胡适自负他是当代学术、文化界"第一人"

的缘故。

二

何炳棣对胡适的"景仰"并非虚语。不过即使不弹而赞之际,"赞"之外他似乎也有一种冷静旁观的态度。是史学家的训练,抑或性格的差异令他对胡适总能"刮目相看",不得而知。

他有两处述评我印象颇深。其一,1946年胡适到哥伦比亚大学演讲。演讲主题是二战以后远东国际新形势。指出苏联势力的膨胀及对中国内部问题的影响最是可虑。对此次演讲,何从旁观察,得到的印象,一是胡的英语的流利,完全不用讲稿而挑不出毛病;二是"内容平平,略近宣传,但态度极自然,对全体听众和台上台下的发言者全镇得住"。胡适早就是社会名流,又曾任驻美大使,被邀做应景的演讲应是常事,而留学期间他就刻意训练演讲的才能,在北大授课也是人气最旺的教授之一,多年历练,自然驾轻就熟。演讲,内容固重要,然有无气场亦相当关键,何炳棣"镇得住"云云,即是说他感受到胡适的气场罩得住听众。"内容平平,略近宣传"而能有此效果,就更见出胡适的精于此道。何仍要点出内容的贫乏,大概是出于学者的习惯,以他挑剔的"学术"眼光,面向普通听众的演讲自是"卑之无甚高论"了。

另一处涉及胡适的待人接物。某日有客来访,胡适接过用人递上的名片一看,即很生气地流露出对来者人品和动机的不满，但想了想还是决定见客。其时何就住在胡府上，过一会儿就听见胡适大声招呼客人："这好几个月都没听到你的动静，你是不是又在搞什么新把戏？"紧接着就是双方带说带笑的声音。何评道，"可以想见，这才是胡先生不可及处之一：对人怀疑要留余步，尽量不给人看一张生气的脸。"至于后面又来一句"这正是我所做不到的"，固然是对胡适涵养气度的折服，里面似乎也杂着一丝清高自许。

由此想到鲁迅对胡适那段著名的描述，似乎太"意识流"了点，不过既然"流"到了，不妨提一笔。鲁迅在《忆刘半农君》里说："适之先生的是紧紧的关着门，门上粘一条小纸条道：'内无武器，请勿疑虑。'这自然可以是真的，但有些人——至少是我这样的人——有时总不免要侧着头想一想。"文中的主角是刘半农，胡适的城府甚深是拉来反衬刘的毫无世故的，不过当然不仅仅是"做文章"。对同样的行为，不同的人反应可能是完全不同的，我在想，上面那一幕若是在鲁迅那里，会被怎样解读？何柄棣即使不是完全认同，也还是欣赏胡的人情练达、绅士风度、社交能力，而在鲁迅那里，则"绅士""社交"原本就是可疑的。

立场之外，也是性情使然吧？

沈尹默的字与人

一

文革时一笔好字特有用武之地，特别是毛笔字，因为动辄写大字报。练字的人恐怕也不少，只是临帖的不多，因为字帖难觅。与书籍一样，很多字帖都烧了，——字帖都是古人的字，其内容想不"封建"也难。印象中直到文革后期才有新的字帖出版，今人的作品，自然是内容一新，我知道的是上海周慧珺的行书字帖《鲁迅诗歌选》，出来后很是抢手。家里有本柳公权的《玄秘塔》，大概临过一两次，斑斑驳驳的，哪里有周字看上去的妩媚流利？而且写大字报，一笔一画的楷书也不合适，于是"取法乎上"，舍柳就周，虽然照葫芦画瓢，也就几天。由此却知道有个周慧珺，当然林散之、沙孟海等当代书家的名字也还知道几个，但因出了字帖，周在我们心目中就成了第一书家。当时上海出版的书，有许多都是她题写书名，一看便知，说她风头一时无两，并不为过。

好多年后，我才知道，周是沈尹默的弟子。知道也是白知道，因为不知沈尹默何许人。读本科，现代文学史课上，才知道他在新文学初期,是个人物,新诗人里排得上号。有一首小诗《月夜》常被论者提到,说是如何如何有意境,开象征主义先河云云。我能记住是因为这诗短,拢共只四句:"霜风呼呼的吹着,/月光明明的照着。/我和一株顶高的树并排立着,/却没有靠着。"——没看出什么好来,我用南京话"朗诵"过,刻意让那四个"着"方言味十足,近乎恶搞。胡适赞过他的另一首诗《三弦》,我也不晓好在哪里,还戏言胡适自己的诗淡而无味,看到稍有诗味者便叫好不迭。

像好多新文学初期的新诗人一样,沈尹默原是写旧诗词的人,在新诗史上只能算是匆匆过客,很快就金盆洗手,后来有所作,也是旧体诗词了。新诗对徐志摩、戴望舒等人而言,可以说是"性之所近",对他这样旧诗原有造诣,半路出家的人而言,终隔一层。我想沈悔其少作,甚或有"枉入红尘若许年"的自嘲也是可能的。

但他的旧诗也不大有名,不是功夫不深,是后来他的诗名完全为书法家的名声所掩。他那辈人早先受过旧学的训练,毛笔字是基本功,好多人不拘书信、文章,到老都是非毛笔不办,故像郁达夫、巴金那样拿不出手的,为数不多。周氏兄弟的字不用说了,自具面目,一看便知,其他许多人,也都可观。但他们的书法,都还只能算是文人的字,沈尹默所书,则是书家的字(而且是大书家),其间有业余和专业之分。1932年离开北京后,书法的确成了沈尹默的"正业",不仅专攻,而且是职业:他虽当过中法出版交换委员会主任、监察院委员,却都是虚职,而且抗战胜利后他就卜居上海,以鬻字为生了。

二

据说沈尹默的字1949年后才进入全盛期,我于书法是外行,看过一些他的复制品而已,哪里会去注意写于何年何月?反正觉得好就是了。起先是因为喜欢过周慧珺的字,他是老师嘛,自然更好。后来看周字觉得腻了,看他的字也觉得软熟起来。外行只会看热闹,到最后只剩下一个没谱的喜好。我喜欢胡小石先生的字甚于沈书,就只能说是外行的喜好,因为说不出所以然来。论名气沈较胡要大得多,中央文史馆副馆长这样与书法无甚关系的头衔不去说他,他在书法界的地位可从下面事实中窥得一二:其一,他是上海中国书法研究会的创始人之一;其二,2000年,《中国书法》杂志社约请39位书法名家选出"二十世纪中国十大书法家",他名列第六位。一个世纪只排十把交椅,他居其一,怎么说也是大师级的待遇。

当然,不管排出怎样的座次也总有人要摇头的,若能起于地下,同辈人中,陈独秀恐怕第一个要摇头,而他以为不可的,没准头一个就是沈尹默。陈对沈的字一直不以为然,甚且有诛心之论。这二位在到北大做同事之前就已做过同事:1909年陈在杭州陆军小校做教员,沈也在该校任教。某日陈在二人一共同的朋友住处壁上看到沈的一幅字,——头一天沈在此与朋友饮酒,酒酣耳热之际,乘兴写了自作的一首五古，——看了便道，诗不错，字则流利有余，深厚不足。由此知道沈尹默其人。过一天就登门拜访，自报家门之后，开门见山，就说诗、说字。还是那评价，关于字，话说得很难听，说是"其俗在骨"。古来读书人最"伤不起"的，莫过于被人加一"俗"字，俗且入骨，那不是没救了吗？这样的"酷评"真是酷到家了。

据说沈尹默大受刺激，自此发愤学书，终成一代书法大家。这个段子传播得很广，俨然成了一则励志故事。事情是假不了的，此中陈独秀的直来直去，最见其人，沈尹默大受刺激也不假，说书法大师就是这么被"骂"出来，却是过于戏剧化了。事实上沈自幼临池不辍，十五岁就给人写扇面，可说是早有此好。而为了成全佳话，人们述说上面的段子时，有意无意略去二人之间的另一段。我说的是陈独秀晚年流落江津，其时沈尹默以于右任之招，在监察院任委员，曾赠诗慰勉落魄的老友，陈感其情谊，对他的字却仍是不肯说好话，说是与三十年前无大异。陈的标准未必公允，好在这里意不在评价，闲话掌故而已。

有意思的是，有人说陈独秀当年离开北大，背后就有沈尹默的策动，而沈有此举，实因对陈多年前的酷评耿耿于怀。若谓前说是"佳话"，此说就近于"黑幕"了。二人之间纵有过节，宁是为此？

三

陈独秀对沈尹默的字做诛心之论,是1909年的事,他离开北大,则在1919年,倘沈真是衔恨报复,那真是应了"君子报仇,十年不晚"的老话。只是这未免太小儿科了吧?事实上蔡元培聘陈为文科学长,沈也是举荐人之一。当然后来他想让陈离开北大走人,也是真的,而且简直就是主谋,——至少胡适这么看。

陈独秀被迫离开北大,直接的原因是外界哄传陈在八大胡同嫖妓与人争风,抓伤妓女下体,实则因是"覆孔孟,铲伦常"的急先锋,又以文科学长的重要位置,早被一些人视为眼中钉肉中刺。嫖妓事真相如何,不得而知,有人信,有人不信。胡适就不信,辩曰:抓伤下体,如何得知?沈尹默、汤尔和则宁信其有。流言纷纷,有损北大形象,蔡元培为之纠结,恰恰就是找这两位商议。无论如何,维稳之计,都以陈离开为妙,全其颜面的法子也已有了,即是废学长而代以教务长,只是蔡元培并未打算让陈此时就走,汤、沈则谓陈"私德太坏",主张从速处理。

汤尔和不是北大的人,沈尹默虽在北大任教,且是评议会成员,却算不得学校领导层,蔡元培为何找他二人商量?这就不得不牵出"某籍某系"的问题。女师大风潮中陈西滢"闲话"引发的那场笔墨官司,是现代文学史上著名的公案,陈西滢指风潮的背后,乃是"某籍某系"人士在操纵。"某籍某系"即北大国文系的浙江籍教员。当年因喜读鲁迅文章,认定陈是在造谣中伤，后来才发现，撇开他文中留下的话柄不论，单说"某籍某系"，并非不能成立。其时浙人在北京教育界（从教育部到北大）的确形成了很大的势力，而且不无党同伐异的嫌疑。以北大而论，国文系主任马隅卿、历史系主任朱希祖都是浙人，教员中浙籍也占相当大的比重，校政大事，常为他们所左右，不仅英美派的"正人君子"，许多无党无派的人对此也深为不满。

鲁迅要撇清与"某籍某系"的关系倒也容易，因他虽挺身而出与陈西滢在"某籍某系"问题上较真，却不是参与机密的人物。马隅卿、朱希祖也算不上，因他们都是性情温和的老好人。肯于出谋划策的，乃是沈尹默。他是浙江吴兴人，进北大比蔡元培还早，老资格了，关键是，他点子多，且对自己的谋略相当自矜。还有一条，他觉得有必要为蔡元培拿主意，因在他看来，蔡相当之"书生气"。

换句话说，他不那么书生气，他知道怎样权衡利弊，怎样讲政治。胡适在北大是一股新起的势力，同为安徽人的陈独秀与胡关系密切（胡自己说过，他颇能对陈施加影响），从讲政治的角度说，让陈从速走人也是好的吧？

我总觉得"字如其人"的说法很可疑，与"文如其人"一样，往往只是附会。我就想象不出，有谁可以从沈尹默的字里，看出他的谋士形象。

"爱智"是什么专业？

周作人的牢骚

有道是"一切以时间、地点为转移"，场合不同，心境有异，一个人对同样的对象，态度和评价可以完全不一样。这样的事发生在周作人身上不大寻常，因他比绝大多数人都更讲究自相一致。他对北大的态度即有自相矛盾处，而且对北大的眷恋之情与怨恨之意，同时出现在他晚年的回忆录中。

《知堂回想录》中他对北大的充满忆念，似乎顺理成章：北大与他生命中辉煌的时段密切相关，他的成名固然离不开北大这个背景，其后直到抗战胜利被捕入狱之前，他始终是北大的人。倒是他道出的对北大的不满，多少让人感到意外：

> 平心而论，我在北大的确可以算是一个不受欢迎的人，在各方面看来都是如此，所开的功课都是勉强凑数的，在某系中只可算得是个帮闲罢了，又因为没有力量办事，有许多事情都没有能够参加，如溥仪出宫以后，清查

故宫的时候,我也没有与闻,其实以前平民不能进去的宫禁情形我倒是愿得一见的。我真实是屠介涅夫小说里所谓多余的人,在什么事情里都不成功,把一切损害与侮辱看作浮云似的,自得其乐的活着,而且还有余暇来写这篇《谈往》,将过去的恶梦从头想起……

又是"损害与侮辱",又是"恶梦",似乎牢骚满腹,语气里亦有耿耿于心的意味。因为语句联在一起,很容易让人觉得都是针对在北大的往事而发,但我以为这里恐怕是"意识流",即此处是由具体的事触发满腹牢骚,联类其他,想到一生种种,发一浩叹。"多余人"云云,是一生总结也未可知。总之不是在北大时有此想(即有此想也是偶一闪念),乃是写回忆录时的牢骚。想想写回忆录时他"戴罪立功"的处境,回首往事,这样的自怨自艾倒也不难想见。

但周作人自觉在北大被边缘化,却是肯定的,而且这种感觉并非没有真实的依据。产生边缘感无非涉及以下几个方面,一是是否被重用,能够尽其才,一是待遇不佳,再就是人事关系。后两项对周不大成立:周被聘为教授后即拿高薪,虽低于胡适,但高于刘半农两级,后北大设研究教授,算教授中之最高等级了,也没落下他;他是个谦谦君子,虽身在"某籍某系",纸上与胡适等人打过笔墨官司,在北大颇有势力的英美派却对他另眼相看,要不然抗战时期胡适也不会以朋友的身份向他进言,从回想录里看得出来,他与同事相处愉快。是故算来算去,他的牢骚还是和他自觉未受重用有关。

这未必关乎学历,——尽管学历是他的软肋。他似乎从未像刘半农那样被轻视,但他说他开的课"都是勉强凑数",属打杂性质,却不能完全看作夸大其词。所以如此,却又与他学问的博杂有关。归根结底,不能不说,他的不"专业"与大学教育专业化的大势,其实相犯。

自学成才

民国年间的很多文人作为"海龟"都是学而未"成"的,——假如把拿到学位与否作为判断标准的话。做个文人,有无学历无所谓,反正凭笔杆子吃饭,读者只管文章好与不好,不会计较文凭的高下有无。说到底,文人是在体制之外的,没有一定之规。进入体制化的机构则有某种遴选程序,学历就是一个重要的参照指标,在大学里尤其如此。创造社诸子均留日而皆无"成",这无妨郭沫若、郁达夫、田汉之为著名作家,而且名声可以折变为某种资历,上述诸人就都曾在高校教书,但要想不是客串性质,尤其是,要在名牌大学里占一席之地,则难乎其难。可以举出的一个反例是沈从文。——沈几乎没有受过正规教育,卒因在文坛上的声誉(当然还要加上胡适等人的赏识)而进入西南联大教写作,但是不要忘了,他在那里相当之边缘,与他在文坛上、在读者那里受到的尊崇完全是两回事。

沈从文自学成材而得以处"京师上庠",一直传为佳话,周作人事实上也是自学成材,却无人提起,或者是因为后者有留日背景，加上章门弟子的身份，而其渊博的学识让人忘记或忽略了他的出身，不像沈从文那样，仍被看作一个作家。事实上周日后掌北大讲席所依凭者，皆出于自修，与他读的专业永永无干。他之接受新式教育，当从到南京入江南水师学堂算起，学制是九年，他读了五年后考上官费留学日本，在水师学堂学的是管轮，即轮机专业，到日本则是以学土木工程去的。就是说，他应该算是工科男。然他自言，在南京的五年，所得不在专业上，而在掌握了外语，并且把国语弄通。到日本之后，周作人越发地不务正业起来，读水师学堂，他毕竟还修那些课程，还能拿高分，不然也不会得到官费留学的机会，此时他则完全随心所欲，为所欲为了。留学改专业的人不在少数，周作人的特别处在于他整个放弃了专业，他到日本即进了法政大学的预科，后来到立教大学，也只是听听希腊语的课而已，到"圣三一学院"当然也不是因为对宗教的兴趣，仍是为了学希腊语，而且加起来，他去上课的时间也极其有限。他与鲁迅等人在民国社听章太炎讲《说文解字》要算是专门学问的学习了，然而这拨人当中有不少都传了太炎的衣钵，成为后来北大等校中国文字学的发端，周作人却与鲁迅一样，未以文字学为念。

那他都在干什么呢？他就窝在下宿里自己读书、翻译，希腊语、俄语、日语、东西方文学、神话人类学，等等，他后来所说的"杂学"，大都是自己看书看来的。日本只是给他提供了一个可以自在读书的、风气开通的环境。他留学之初就无任何务实的打算，数年后两手空空地回来，也就是必然的了。而他自学求知的方式,也为他日后在北大的"打杂"埋下了伏笔。

"爱智"是什么专业?

周作人学识的渊博,是许多人都佩服的。晚年历数平生所学,他概而要之,列出了十几项,包括希腊神话、外国小说、神话学、文化人类学、生物学、性心理学、儿童文学、医学史与妖术史、乡土研究与民间艺术、日本文学与文化……虽然谦称为"杂学",其实不无自矜。

他并非浅尝辄止,最明显的是日本文学与文化,许多人(包括日本著名学者)都认为,周作人对日本文化之精通,对日本文学之谙晓,中国学者中,几不做第二人想。但是他习得、研究日本的方式却是非专业化的,他留日多年,却未接受过这方面的专业训练,所得盖出于自己读书,加上对日本人生活的体察与浸淫。其他种种,就更是多取"涉猎闲书"的方式。以专业的眼光看,周作人样样皆通,样样不精——哪怕所知甚深,也不是专业意义上的精通。

现代的大学体制强调专业化,目标是培养专门化的人才,相形之下,周作人的自学方式,未免有前现代的味道。而且进入北大这样的最高学府之后,他亦不知"悔改",反倒变本加厉。与他同在民报社听章太炎授《说文解字》的钱玄同、朱希祖诸人,皆以文字音韵之学为安身立命之地,刘半农奋起直追,到法国拿了个博士,也有了自己的根据地,周作人则直到最后，并无自己的地盘。他进北大，最初是教外国文学，国内最早的《欧洲文学史》就是他编写的，然而为时不久他就让贤了，倒不单因为他留日，同样留日的徐祖正上英国文学史，——人家在日本学的就是这个。某次徐祖正请他代课，周因为自己的英文发音不灵，竟上了一堂英文课而英文一字不讲，书让学生念，他口头翻译，又提问题让学生讲，他修正补充。这能不能让学生心服就未可知了。生物系不可能请他去开生物课，人类学则像吴文藻那样的才是正途，他著有《新文学的源流》一书，将新文学上溯至晚明的公安、竟陵，书中内容就是他在辅仁大学的授课，但研究晚明文学的人，肯定不会算他是一家之言。

另一方面，周作人虽著作等身，其中却没有一本，可称为严格意义上的学术专著。鲁迅不是学界中人，可他写《中国小说史略》是地道的学术专著的路数。周作人身在京师上庠，却一直不按牌理出牌，像鲁迅整理校勘嵇康、唐宋传奇那样向被认为学者硬功夫的学问，他也从未做过。

我们不好替周作人打包票，说他这是"非不能也，是不为也"，因为无从判断。不过以他的志趣，的确不是做一个专家、一个纯粹的学者。他所仰慕的，乃是古希腊的"爱智者"——热爱智慧的人，他的全部"杂学"全部"常识"都是通向"爱智"的一个部分，也唯有在他的体系里才更见意义。如此说来，他之所谓"帮闲""打杂"，也是"求仁得仁"吧？

当然你也可以问："爱智"是什么专业？

学历的门槛

放到现在的语境里,"英雄不问出处",也许该解作"求职不问学历"。事实上却是相反,没有一纸文凭,简直寸步难行,而且水涨船高,——比如高校,即使是末流大学,也已是非博士则免谈了。而很多时候,文凭也就是敲门砖、遮羞布而已。这让很多人对传说中"不拘一格降人才"的时代不胜怀想。民国似乎就是这样一个时期。陈寅恪留学欧美多年,并未拿什么了不得的学位,不是照样礼聘为清华研究院的导师?钱锺书也只是个硕士,最高学府的西南联大不是也聘为教授?梁漱溟、钱穆就更不用说,什么文凭也拿不出来,不是稳坐北大的教席?没错,这些都是传为佳话的。然而佳话之为佳话,正因为是一些特例。还有一条不可不察:民国是中国现代教育的创生期,草创时期,许多事,只能从权。

比如新文化运动时期的北大,就算蔡元培看重学历,他又到哪儿能找到那么多的博士?胡适要算"海龟"的先头部队了,他的博士学位是后来才拿到的。至于国内,现代教育八字尚无一撇,不要说博士,硕士、学士也无从说起。就是说，受过现代专业学术训练的人，很难找。当然，没有学历，并不意味就没有其他的门槛，完全"不问出处"是不可能的。没有学历，得有其他的资历。我们熟知的人物中，辜鸿铭充过张之洞的高级幕僚，而且有著述，虽然不教外国文学，他却是拿了爱丁堡的文学硕士学位的。黄侃、刘师培则在学界已是响当当的人物，前者虽无著述发表（以现在高校的量化指标，彻底玩儿完），却被当作一个学派的代表人物，与章太炎并称"章黄"，后者则黄侃曾为传其绝学甘执弟子礼。

算起来倒是新文化派的人物，似乎有好几位，看上去学历与声望，两无着落。周作人、朱希祖、钱玄同都曾留日，皆算不得修成正果。不过从另一面去看，也还是有"出处"：他们都是章太炎的弟子。章既然是公认的大学者，他们岂不是师出名门？虽然周作人进北大其实仗的是通希腊语的"绝学"，然"章门弟子"的身份想亦是一因素。

到三四十年代，现代教育体系渐已成型，学术专业化的要求中，也包含着对学历的要求，彼时无学历或学历低者进入大学的机会较前就少得多了。西南联大聘钱锺书为外文系正教授，文学院长冯友兰致校长的信中就特别言明是"破例"。为何说是"破例"？我想就是因为钱并未拿到博士学位。若联大聘陈嘉、中大聘范存忠为教授则顺理成章，因二人分别在美国获得了耶鲁、哈佛的博士学位，——虽然钱的学问远在二人之上。

刘半农修成正果

蔡元培掌北大时代,最不计"出处"引进的人才中,肯定要算上刘半农。周作人、钱玄同等虽无拿得出手的学位,却毕竟是留过洋,撇开师从章太炎不谈,至少是受过大学教育。刘半农则是中学未毕业就去上海滩闯荡,过卖文为生的生活。虽然凭一支笔在鸳鸯蝴蝶派报刊上无往不利,赢得"江南才子"之名,这些在北大这样的学校里却是不作数的,有时候还反过来成为同事讪笑的把柄。

他是由陈独秀力荐而进入北大做预科教授的,以中学肄业生而登上最高学府教席,在学生中也一时传为美谈。然而对"出处"的计较并非迈过了学校的门槛即到此为止,刘半农在北大的日子并不好过。即在北大初期,学校论资排辈的氛围也是由有过硬学历者主导的,刘半农时不时地,要面对胡适等人的讥嘲,虽然他们同为新文化阵营的人。据说某次《新青年》编辑部的会上,胡适就曾提出过编委的学历问题,而身为《新青年》的笔杆子之一,他的文章不止一次被拒,当然也让他很受伤。凡此种种,学历并非唯一的原因,他如性格的浮躁胸无城府(与周作人的温雅持重正好相反)、混迹鸳蝴小报的"前科",包括与钱玄同上演的那场著名的"双簧"的不入流,都贻人口实。不过无甚学历肯定是他不受待见的一个原因,关键是,他人眼中的软肋也成了他自己的一块心病,这才有他后来的发愤出国留学之举。

民国初年出国留学的人中,颇有一些是并不以拿学位为念的。梅光迪甚至告诫小老弟吴宓,要学真本领,学位不必计较。最著名的例子是陈寅恪,从1902年随兄长往日本算起,游学日、美、德、法、瑞士等国,前后几近二十年,一个学位也不要。但刘半农不同,就是奔着学位去的。一战后赴欧留学生生活的艰苦是许多人回忆文章里都说过的,刘半农的日子较他人尤为艰难,一者他是从待遇优厚的教授倒过头来做穷学生,二者他是拖家带口去读书,在那边又还添了一对双胞胎,据他信中说,最窘迫时面包也难以为继。

所幸功夫不负有心人,他的发愤最终令他成为中国语音实验方面的奠基人物,另一方面,他留学六年,也终于修成"正果",获得博士学位。有意思的是,刘半农归国后常向人强调他得的是"国家博士",颇引以为荣。事实上法国的博士有些以国家名义颁发,并不比英美国家私立大学的博士高一等。所以熟人间传为笑谈,据周作人说,他们称"刘博士"是出于"同情和怜悯",——当然是因为刘当初在胡适们那儿留下的心理阴影,其情可怜。

俞平伯半途而废

一

上世纪初的留学大潮虽不似八十年代以降的波澜壮阔，却也裹挟了很多人。说裹挟的意思是，有些人未必有多么强烈的意愿，大势所趋，也就跟进，比如俞平伯。他有两次赴海外求学的经历，却绝对算不上"海归"。

俞平伯是1919年年底从北京大学毕的业，毕业之前即已做了留学的打算。彼时留学远没有后来的让人趋之若鹜，不过在北大这样新潮的大学里，却显然是桩令人向往的事情。有条件者，不拘公费自费，都作远游之图。俞平伯周围的人，以"新潮社"而论，罗家伦、傅斯年、康白情、汪敬熙、杨振声等，均先后赴欧美求学。杨振声去国之际，俞即作新诗《送金甫到纽约》相送，诗中于自己"还蜷伏在灰色的城圈里，尝那黄沙风底泥上滋味"的状况颇有自怨自艾之意，且切盼与杨"携手在无尽的路途上，向无限的光明去"，竟似"土鳖"与"海龟"的前景乃有光明/黑暗之分，——新诗"为赋新诗强说愁"起来，比旧体诗词有时亦不遑多让，不过对留学的向往却是言下无虚。

其实两个多月之后,俞平伯也便束装就道,往英国留学。此次留学历时三个半月,时间大半是在船上,将来回程掐头去尾,在彼岸勾留不及半月,留学未及开始即已收场。几十年后整理彼时日记,俞老自我调侃道:"小住英伦只十二三日,在当时留学界中传为笑谈。岂所谓'十九年矣尚有童心'者欤,抑亦所谓'乘兴而来,尽兴而返'者耶?"

半途而废,乃因"英国英镑涨价,自费筹划尚有未周",当时心情,恐非"尽兴而返"所能言喻(虽然也说不上铩羽而归),故时隔两年之后,俞平伯又有赴美留学之举。未料二度留学,又是喜剧性的结局:他1922年七月九日自上海登船赴美,十月九日已做归计,十一月九日回到上海,——满打满算,亦仅五月有余。此次留学,好歹较上次有料。在美期间,他随汪敬熙参观了霍普金斯大学医学院的心理实验室,看汪解剖胎鼠,且有学心理学之议。入学手续也办了,进哥伦比亚大学,并且听过几次课,虽然不是甚有心得。但是,他因患皮癣,多次治疗无明显效果,遂决定回国。

这决定太有喜感了:皮癣绝对算不得大病,千里万里地漂洋过海而来,以此"癣疥之疾"即打道回府,未免有将留学当儿戏之讥。反正他就这么回来了,端的是无功而返。

两度留学,尤其是后一次,何以如此轻言放弃?

二

不能不提俞平伯的家世，——是官宦人家，更是书香门第，曾祖父俞樾、父亲俞陛云都是进士，点过翰林，为官之外更是能文之士，母亲是大家闺秀，精通诗文。他上面三个姐姐，家中男孩只他一个，儿时随曲园老人在苏州。其备受呵护，娇生惯养，不难想象，有几分少爷脾气，也是意料中事。想想看，十六岁北上读北大预科，父母为了照顾他读书，也就移家北京，住箭杆胡同，紧挨着北大后门。若说这是日后"陪读"的滥觞，也算不得夸张。

旧式大家庭里的少爷过的是怎样的生活？杨宪益的传记里说，他十来岁还不会自己穿衣，俞平伯想亦相去不远。作为旧式大家庭生活的一部分，他二十岁即成婚，二度放洋时已是两个孩子的父亲了。但是他完全无须"上有老，下有小"式的承当，可以想见的，他仍旧可以潇潇洒洒做他的少爷。出国留学则一切都是另一回事了，虽不必如后来"洋插队"人士的打工不已，然而单是生活自理这一项，也就足以让他将留学生涯视为畏途。

不过若以为俞平伯留学半途而废是地道的"官二代""富二代"行径，那就大错特错，他两度放洋，不论在船上还是在异国他乡，他几乎每日都在读书作文，或是与人讨论学问，就绝对与纨绔子弟异趣。我以为他的掉首而归，从深层上说，还是西方的学问，于他究非性之所近。他很早就开始学外文，曲园老人曾有诗记云："膝下曾孙才六岁，已将洋字斗聪明"，与许多留学生相比,外语应不是更大的障碍。至于留学方向,他起初似乎是想学社会学,大学二年级时写给蔡元培的信中即表露此意,以为"社会学为近代最新之学说",——最新者即最值得研究,这也是当时新派人士的普遍心态——,而两年后他在赴英的轮船上读英文《大社会》,似也还是在为进入社会学热身。但是就像第一次的留学他很快放弃一样,社会学他也丢弃一边了。显然仅凭一"最新"尚不能将学习的热情维持不坠。二度出洋,他移情心理学,可他在哥大上过几次课,却又大都为文学课程,足见到底要学什么,他没个准谱。倒是对中国文学的兴趣,一以贯之,看他船上吟诗作赋之外,读的基本全是这方面的书,《红楼梦》研究也在紧锣密鼓地展开,即可知之。

那一代的留学生中许多人都受过旧式教育,但是论浸淫传统文化之深,且在性情上留下印记的,恐怕还是以俞平伯为最。虽然准备留学考试之际,他大看 *The Grammer of Science*(《科学的语法》),自谓头脑也已科学起来,"幻想底趣味竟很薄弱了",然对传统文化的依恋仍是不言而喻,对新式学问较他人也就更难有亲近感,放弃留学,也算是顺理成章之事。

人在旅途

飞机、高铁的时代,想想过去时代人们的旅行,真有恍若隔世的感慨。不要说古代,即以上世纪二三十年代的情形而论，路上耗费的时间，也就惊人了。从北京到南京这还是国内旅行，若是出国，乘船去欧美，那就得论月地搭上工夫。当年留学生去留学都是坐船，到四十年代也还是。人在旅途，尤其在大洋之上，必更易有"浮生"之感吧？不少人在游记里都少不得要感慨一番的。我感兴趣的，倒更在船上的时光怎么打发。

《围城》起首写方鸿渐乘法国邮船回国，笔锋过处，也勾出了船上留学生的众生相："……他们天涯相遇，一见如故，谈起外患内乱的祖国，都恨不得立刻就回去为它服务。船走得这样慢，大家一片乡心，正愁无处寄托，不知哪里忽来了两副麻将牌。麻将当然是国技，又听说在美国风行；打牌不但有故乡风味，并且适合世界潮流。妙得很，人数可凑成两桌而有余，所以除掉吃饭睡觉以外，他们成天赌钱消遣。"方鸿渐另有他务，乃是忙着和鲍小姐谈情说爱。——反正都颇不寂寞。

当然，不可一概而论，钱锺书是冷眼旁观，讽刺笔法，写来自然谑而近虐。他自己在船上就不参与雀战。俞平伯早钱锺书十来年出国，也是终日读书作文，船上生活，与《围城》所述，另是一番光景。据《俞平伯年谱》，俞首次赴欧洲，从上海上船，到利物浦登岸，历时四十九天。年谱排日记来，除了途中停泊时上岸游览、船上活动、与傅斯年闲谈之外，就是读书、作文、写信。其时他早已是新文学运动的积极参与者，《红楼梦》的研究也已经展开，船上的日子，倒有几分像是某种延续。写诗，新诗、旧体诗一起来，写信，有公也有私，旧体诗与私信一致，多记旅人的闲愁、对新婚夫人的想念，新诗、致新潮社则属"公"的性质，讨论新诗问题，记述议论所见所闻……旧式文人与新派人士的面影交替出现，而漫长的海上日子，恐怕最能催生写信的冲动了。

我注意到他在船上所读的书，起先是英文的《大社会》，颇像是为留学做准备，后来所读，则是《红楼梦》《西游记》《水浒传》等，——大都是中国书了。固然是闲书，打发闲散时光，最是相宜（他在船上"熟读《红楼梦》"，和傅斯年的讨论，也多此书），另一面也见出他的兴趣逗留何处，后来他两度留学未果，这里也可说是微露消息了。

"梅光之迪"

一

鲁迅挖苦起对手来，真是厉害，颇有些人因被他挖苦而被记住，可谓被"骂"而成名。我以为记忆中"梅光迪"这个名字的存留起初就是这么来的。迅翁有篇《估学衡》，过去的文学史教科书几乎必引，看题目便知，是跟"学衡派"对阵的文章："学衡派"诸子反对白话，捍卫文言，自家的文言文却露了破绽，这篇杂感便拿来开涮，属鲁版的"咬文嚼字"。不通处举了若干。或是求其音韵铿锵，梅光迪一文中曾将"乌托邦"之乎者也写作"乌托之邦"，原也无伤大雅，然笔战正酣之际，当然不会被放过，鲁迅文中即仿其构词法，生造出"宁古之塔"等好几个。很长时间，我以为"梅光之迪"即是由此而来，后来翻鲁迅全集，遍觅不得，不亦怪哉？再一查，方知发明权属"只手打倒孔家店的老英雄"吴虞。

不管怎么说，梅光迪就在"梅光之迪"的漫画像上定格了。这些年"学衡派"被重新审视，其著述多已出土，传记、介绍性文字亦复不少，过去那种"缺习审判"的状态大为改变,昔年的反派角色,颇让人"刮目相看"。一"看"之下,首先"形象"就变了。比如梅光迪,哭着喊着要"昌明国故"的嘛,想象中就是一糟老头子,长袍马褂戴瓜皮帽的行头。谁料听过来人说,蛮不是这么回事。梅光迪通常是穿西服,衣着颇光鲜。"学衡派"的另一要角吴宓也是如此。西南联大时期生活困苦,朱自清穿着马帮人的棕衣现于众人之前,吴宓则仍保持着西装革履的装束,加上鼻梁上一副金丝眼镜,一点也不传统嘛。反传统的人物反倒有不少惯着长衫,胡适、周氏兄弟、钱玄同、刘半农,都是。刘半农自谓起初"着鱼皮鞋,犹存上海少年滑头气",颇遭同人讪笑,装束上也就由"海派"而"京派",以致想象中这位《教我如何不想她》的作者,看上去像掉渣的土老儿。

有意思的是,梅光迪、吴宓虽以传统文化的守护人自许,却都在西语系任教。梅光迪1919年在哈佛获硕士学位,回国后即任南开大学英文系主任,不久往南京高师,任西洋文学系主任,再后来应竺可桢之邀往浙江大学任文学院副院长、院长,也兼着外国文学系主任。吴宓曾是清华国学研究院的负责人,人所共知,然他的教书生涯,大体上是在各高校的外文系度过。另有一位名列"学衡派""正册"(在《学衡》杂志上做"大声疾呼"式文章因而被新文化阵营竖为标靶的属"正册",汤用彤、陈寅恪等发文较少或声调不高者应在"副册")的胡先骕留美学的是植物学,归国后成为这一领域的顶尖人物。就是说,"学衡派"最被新文化方面嘲骂的三人,以其"本职工作"而论,都是在研究和传播"西学"。

二

当然,专业为何与志向为何之间,并无必然联系,亦非非此即彼的关系。梅光迪文言文不如鲁迅、吴虞有神采是真的,他对传统文化一往情深也是真的。近年来吴宓作为知识分子人格象征常为人道,说起来吴的矢志做传统文化的守护人,起初和梅光迪的激励还不无关系。在美国留学时,吴宓初遇梅光迪,后者即向他痛陈新文化运动反传统之弊,说到激动处声泪俱下,令吴大为感动,当下表示"勉力追随,愿效驰驱"。

梅光迪对传统文化的情感是自幼培养起来的。他十二岁应童子试,中了秀才,可谓少年得志。迨科举废除,他顺应潮流考取庚款留美,但仍心系旧学,赴美时带去大批旧籍,以致吴宓惊叹他藏书之富。不过留学生中为此对他钦佩的恐怕少而又少,他年纪大,英语不灵,海外求学而携来满坑满谷的中国书,毋宁是抱残守缺的象征。梅在给胡适的信中说:"……来此挟吾国古籍颇多,以傲留学界之放弃国文者。彼辈多窃笑吾为老学究。迪之西文程度又低,他人之来者多已有十余年之程度,而迪学西文之时间不及他人之三分之一,因之彼辈轻吾西文,笑吾学究。而我昂首自豪,以彼辈无古籍,吾学西文之时不及彼辈三分之一,而收效与彼辈等(因皆出洋)。……又他人之新来美者,多喜步老学生后尘,效其风尚,迪不为此,宁固步自封。"——顾盼自雄之态,活现纸上。人无我有,人有我亦有,他的推论如此。实则是不是英文底子不好,一经留学就能和底子厚者达到同一水平,颇值得怀疑。

唯此话他是说得的：数年苦学之后，梅光迪的英文水准不仅赶上他人，而且恐怕还要在众人之上。他在美读书期间即有文章在《波士顿晚报》上发表谈论中国政情的文章，占了一个整版，堪称大作，中国留学生而能享此发表规格，殊少见。据说一美国教授读后称，今日哈佛的研究生亦很难达到这样的水准。梅光迪1945年的日记里提到当年他想选修名教授Briggs的一门"高级作文"课，先以该文呈览，过几天Briggs见了问他，文章是你本人写的吗？梅解为教授不相信中国人能写好英文，遂不选其课。他的反应颇见其人，那位教授的反应则从侧面见出他的英文之好。后来（1927至1936年）他以赵元任之荐在哈佛教书十年，英文当然更见精纯，纪念恩师白璧德的英文文章就被许为一篇妙文。而他回国后亦屡思以英文著述，将中国文化介绍到西方。可惜天不假年，抗战胜利那年他就因病去世了，享年五十六岁。

与庞大的写作计划相比，他发表的著述少得可怜，中文文章止得薄薄一小册，尽用文言。他的文言被诟病，他苦学英文终而有成之事，则在"疯狂英语"的氛围中哪一天被翻出来，演为励志的材料也未可知。

梅光迪的日记

日记是一种私人文体，不同的人笔下，所记为何，大相径庭。周氏兄弟的日记是典型的流水账，寥寥数语，备忘而已，很少见到对人事的评价，只偶或见到心境的披露。胡适、吴宓记日记皆不厌其详，但却是两个调调，都是当一部大书来记，胡的历史意识令其日记具有几分档案的味道，吴宓日记里则颇多"私人话语"，可助八卦。内心的挣扎、自我的分析、小型的忏悔、自警自励等等，似乎应是郁达夫辈浪漫文人的专利，吴宓日记中亦有之，以文言写来，"别有风味"。因文言更易堕入钱锺书在《围城》中戏拟的方翁日记那种夫子腔，道学气与浪漫调子到一起，顿成小小奇观。

与吴宓同为"学衡派"大将的梅光迪记日记也是用文言，也喜在日记中自警自励。他记日记的目的之一，便是自我鞭策。但吴宓显然勤勉得多，其日记已出版的部分即有煌煌二十册，梅光迪的日记则我们只能看到《梅光迪文录》中的节选。然其日记时做时辍，不会多到哪里。1945年决意重新记日记即反省道："予少年时曾屡作日记，总以无恒而中止，今决计重作，俾以后日常生活，身心修养，学业进益有所记录，乃自励之良法，别无他意。"这是把日记当成给自己的"立此存照"了。

这最后一段时光系在病中，故多谈病，常自埋自怨："终日昏昏欲睡。又多吃杂食，与养病之道相反，殊自悔愧。"紧接着又说"午后饮咖啡，久不饮此，倍觉甘香"，咖啡正是医生告其伤胃的。数日后又是一通反省："予生平大患在好吃，亦颇知味，故早年至今即患胃病。虽发时从不疼痛，然亦甚苦。今日之病，予知亦由于胃者多，而好吃如故不能痛自抑制，可耻孰甚？"上升到"可耻"高度，可谓沉痛之言，不过后面又数次写到"多食"，可见"立此存照"作用也不大。

倘这还可以戏言视之,日记中另一段记述写来则定是不无耿耿了:"午后公振来谈,称校长信中云遇张厉生部长,告以中央已选定予为第四届参政员。予思已连认参政员七年,而毫无贡献,月前省选被摈,乃觉怏怏,甚望中央之丁种入选。功利之诱人深矣。参政会在政治上已渐有地位,然此已为末次,予个人所得不过公费一项(近始增至每月两千元),乃竟使予恋栈如是,无怪乎政治活动最富于引诱性也。"

"风流"汪静之

一

新文学初期的人物中，有两个姓汪的都因写新诗而有名，——汪敬熙，汪静之——，听上去一字之差，我常会混淆。汪敬熙时在北大读经济系，新潮社的成员，后来留学美国，成为著名的生理心理学家，曾任中研院心理研究所的所长。"身后名"系于生理心理学，写新诗那茬没什么人提了。汪静之出名时还是个学生，其出名与胡适对这位小同乡（都是绩溪人）的提拔不无关系，他的诗名倒未被其他什么成就所掩，终其一生，他都只有"诗人"的名分，只是他大红了一阵之后就无声无息了。但五四初期的文坛上若是"数风流人物"，肯定先会数到他，而不是汪敬熙，他的诗集《蕙的风》乃是新诗中的第一部情诗集，有些现代文学史教材上将其与胡适的《尝试集》、郭沫若的《女神》一起，当作新诗最初的代表，虽然我的印象中，诗集里所有的诗都没有汪敬熙的《雪夜》来得耐读。

直到1984年我们几个研究生在杭州访了汪静之之后，我才算是将二人对上号，再不会弄错了。而这时汪静之早已被人遗忘，除了做研究的，没有人会想起他的存在，对我们而言，他也只是个很无感的名字，要说"风流人物"，那是徐志摩吧？有个师妹好像写过有关文章，我们一伙人还跟着专程去了趟海宁，寻到徐志摩的墓，凭吊一番。富阳县也走了一遭，那是为了访郁达夫的故居。

上世纪八十年代的物价还没有"天翻地覆"的变化，那时的研究生经费居然够我们为时半月游学江浙，今天听来有点像天方夜谭。但我们谁也未曾想到去访访汪静之，虽然他还在，不像徐志摩、郁达夫，至多也就是访访后人，寻寻墓地。

在是在，但汪静之"在"得没有一点动静。我们后来是听骆寒超老师的建议去访的他。之前去访过鲁迅提到过的黄源，当时浙江作协的主席或副主席什么的，西湖边半山上的房子挺气派，说话的神情也像个人物。汪静之则一点也不"人物"。他住的地方远离市中心，一栋老旧楼房的一楼，楼道里堆满杂物。一位老妇应的门，后来在屋里还见到一位，两位腰都有点佝偻了，也不知哪位是他太太。都不大吭声，我们在房间里谈话，她们其中的一位就坐在过道里择菜。我们留意她们是有缘故的：《蕙的风》就是写给他追求的女子，虽然求之不得，后来追到的是另一女子，因诗人已出名，他的太太也便像是故事中的人物了。

汪静之长得很矮小，再普通不过的一个小老头的样子，敝旧的衣服，好像还有点酒糟鼻。黄源说话像讲课，他则一点也不像是面对学生。好像并不是我们有意八卦,他自己就说起他的情史,扳着手指数出好几个他追求过的女子。听他讲当年风流,我时不时地开小差,仿佛怎么也不能将眼前的糟老头子与当年大红大紫的诗人对上号。

二

那日从汪家出来,几个人一路都在笑。汪静之扳着手指历数他的恋人,谁排第一,谁排第二……排花榜似的,太有趣了。难得有位曾经的名人肯这样自己八卦自己。算起来他那时应该七十来岁,也许是"老小老小"了,不过大概一向也就是那样的一派天真。

三十年代,汪以章依萍引荐到暨南大学教书,据说与许多"望之俨然"的教授相反,他是全然和学生打成一片的,有学生问《蕙的风》其名何来,他便滔滔不绝说他理想的爱人叫傅蕙兰,诗就是为她而写,求之不得的过程,原原本本地道出,连带着把与现夫人的情史也一五一十道来。课上学生与他驳难,或是搞恶作剧,他也不恼。未见其人时,学生对这位《蕙的风》作者自有所待,意中必是玉树临风,风流倜傥,待见了面则难免失望,后来皆称之为"汪诗人",里面就颇多调侃的意味了。

以那天趋访得来的印象,我不大好想象他怎么讲课。倘说他外形上不"诗人",那他授课倒庶几是诗人式的:他开的课叫《诗歌原理》,让学生每人买一部他的诗集,不大讲

"理",每讲原理则"就近取譬",放声朗诵他的诗歌。他的情史也是可以在课上讲的,余如他要写的小说,他对现在女人哪里会谈情说爱的质疑,还有因学校减薪时常请假的理由"学校减薪打八折,我教书也打八折"的高论,也不妨在课上一说。率意如此,倒也颇受学生欢迎。假如不能从他这里得到多少知识,总也算是亲炙了诗人吧,——以天真、童心为诗人定义的话,他应该算标准的诗人了。

《蕙的风》即是以天真、大胆、直白的诗风出名的,讴歌恋爱而有几分童稚气。下面这几句据说传诵一时:"我冒犯了人们的指谪,/一步一回头地瞟我意中人,/我怎样欣慰而胆寒呵。"——就像看到他的人很难联想到"风流""浪漫"一类字眼,今人也很难想象这样的诗句当年能够"尽得风流",一方面又被卫道士大加攻击。毕竟,那是"恋爱刚到中国的时候",少男少女也许一读之下即生内心的悸动以至战栗也说不定。

三十年代章依萍因《枕上随笔》中一句"懒人的春天啊!我连女人的屁股都懒得去摸了!"被骂得狗血喷头,且有了"摸屁股诗人"之号,其实原是汪静之所写,未发表而已。从某种意义上说,倒觉比《蕙的风》的浅白更有诗的意思,虽说格不高,更还谈不上美学意义上的颓废。

其实汪静之的人与诗是一点不颓废的。

羞涩沈从文

早有好事者考证过:《猫》里的人物,自主角李太太到她先生到她客厅里的一干人,除了那个大学生颐谷,皆有所本。当然还有那只名为"小黑"的猫,不过有人连猫也要坐实,——林徽因爱猫,安知写的不就是她家的那一只?据说钱锺书曾经否认过。小说家言,坐实了未免煞风景。不过也难怪读者有索隐的冲动,因故事中的描写,有好些与真人真事端的"若合符节"。比如举动斯文、名满文坛的曹世昌,"讲话细声细气,柔软悦耳,隔壁听来,颇足使人误会心醉。但是当了面听一个男人那样软绵绵地讲话,好多人不耐烦,恨不得把他象无线电收音机似的拨一下,放大他的声音。这位温文的书生爱在作品里给读者以野蛮的印象,仿佛自己兼有原人的真率和超人的凶猛。他过去的生活笼罩着神秘气氛。假使他说的是老实话,那末他什么事都干过。他在本乡落草做过土匪,后来又吃粮当兵……"——这就没法不让人想起沈从文。制造"野蛮印象""神秘气氛"自然是对沈从文湘西小说的调侃,写小说时的钱未见过沈,那么一番"细声细气"的形容则定是从传闻中演绎,而在文人圈中,沈从文的羞涩似乎早已成了段子。

沈从文写小说滔滔汩汩，真是下笔不能自休，但在人前常常是面上未语先红，嗫嚅不能言。他出身寒微，未受过正规教育，在社交场合有几分自卑或不难想象，他一直自称"乡下人"，人前的羞涩、不适、怯场，恐怕也是一因。这样的性格，要他演讲、讲课，真是有点难为他了，但他的确几度在大学里任教，身为名作家，被邀演讲、座谈也属题中应有。

三十年代他已成名，燕京大学学生请他去做报告，起先是学生因亲炙名作家而兴奋紧张，过后则变成下面的女学生替他紧张，因主持人介绍过后，十多分钟过去，他红着脸没挣出一句话来。他第一次走上中国公学的讲台亦如此，弄到满教室的学生替他急。初上讲台的局促窘迫是很多人都有过的经验，十来分钟开不得口则堪称奇闻。他受聘中国公学是1928年的事，两年后他到武汉大学任教，那一幕又重演，朱东润在回忆录中说到他上课情况的"特别"：他上了讲台说不出话，只在黑板上写，"请待我十分钟"。学生便静候，不道十分钟过后仍开不得口，又写，"请再待五分钟"。五分钟过后，终于开讲，但始终只对着黑板讲话。朱东润称其"为学校教师开了前所未有的先例"。

朱东润肯定没去听过沈从文的课，这段子必是听来无疑。有相似的回忆做旁证，大体应该是实情。只是有一点难以想象：黑板在教室正前方，沈从文冲着黑板，岂不是要背对学生？那怎么讲？

钱锺书"骂人"

钱锺书是否说过"叶公超太懒,吴宓太笨,陈福田太俗"的"骂人"话,已成一桩公案,而且注定会是无头案。杨绛先生曾撰文"追本溯源"以正视听的,但很多人还是宁信其有,不信其无,——无他,只因太像钱先生的口吻,倘是杜撰,也是有鼻子有眼的杜撰:从某个意义上说,叶公超是"懒",吴宓是"笨",陈福田是"俗",此其一;"骂"其中一人,亦能见出"骂"者的才高气盛,然对三人排头并"骂",似乎更特别地"钱锺书",此其二。所以纵使有人道出此语版权别有所属,没准也会有更多的人认定,这活脱脱是锺书君的口吻。

钱锺书在为《吴宓日记》所写序中自承"少不解事,又好谐戏",对当年的孟浪表示抱歉。其实不待水落石出,亦不待"夫子自道",钱先生的读者虽然没几人有幸亲聆他臧否人物,对他的"取笔弄快"却是半点也不陌生。古今天纵其才的人物,其才气的发露,臧否人物也是一端,谨愿者或视为"不择地而出",在本人则是行于所当行,而天生的讽刺家,你若让他处处温柔敦厚起来,那真是难受。钱先生在

《林纾的翻译》中将林翻译时不时擅自发挥的添写归为文章家的"技痒难熬",让钱先生舍弃"取笔弄快"的愉悦,他肯定不爽。我们若从"骂人"的角度去读的话,会发现即使《管锥编》《谈艺录》这样的著述,衡文论诗,疏证考订之间,亦不乏嘲骂调侃之语,口角波俏,逸趣横生。当然文学是较学术更好的"骂人"的载体,在小说中钱先生才算是真正放出手段,尽展骂人的艺术。

他笔下有形形色色的人物,几乎无一逃得过他的讥刺挖苦,早有论者说过,《围城》里不是"愚人"即是"诬人",或者既愚且诬,《围城》序里说得更直截了当,——都是"两足无毛动物"。钱先生于他的人物,有时是单个地"骂",有时是放在一起"骂"。我总觉得,制造一个众人登场的场合,拎过一干人来挨个挖苦过去,必是作者逸兴遄飞,下笔不能自休之时。大约有观众就有表演性,而钱先生最善将种种的表演变成出丑卖乖。《围城》里的几次"社交"不必说了,《人·兽·鬼》中《猫》照说故事应有更多着墨于"太太的客厅"里的李太太,还有理由充视角的颐谷,事实上作者差不多有一半笔墨花在了客厅里的来客身上。以小说结构艺术上说,未可称善,然这里的旁逸斜出或者正是钱锺书的兴味所在。

早有人索隐过了,《猫》写的是林徽因的客厅,人物皆有所本,——未尝不可看作小说化的臧否人物。寻常所谓骂人,骂者亦不免耿耿于怀,钱锺书则通常只是一个"忍俊不禁",其快感类于林黛玉的"见一个打趣一个",故我们大可不必津津于对号入座,"骂人"之为艺术,常在其"艺术"的自足,就像"叶公超太懒,吴宓太笨,陈福田太俗",我们首先当它是一句隽语。

胡兰成：佳话制造者

几年前《小团圆》出版，引起一阵骚动。不少张迷因此书的面世得到一个做"对照记"的机会：拿胡兰成的《今生今世》与《小团圆》对照着读。胡书中"民国女子"一节专写传主与张爱玲的一番热恋，《小团圆》中九莉与邵之雍的离合是重头戏，而谁都知道，二人是胡张的替身，如此这般对照起来，倒也顺理成章。

谁都想过当判官的瘾，无形中把二人书里的内容充了法庭上的陈词。但我很怀疑对照一番能断出什么名堂：若两人均叙及一事而又说法不一，胡兰成固然是"说谎成性"且"终身未改"（学者秦贤次考释其生平下的断语），张爱玲披着小说的外衣纠结过去，也未必就径可据为典要，从胡假不能倒推出张之必真。真相之无法不走样地还原，乃因于人总是在有意无意间会对记忆有所修正。当然一事而有两说，必有一近真者，只是我更感兴趣的不是这个，——也许看看二人记述/解说往事时依循的"原则"，倒更有意思些。

张腔与胡说的区别，一望而知，用大概念来"套现"，则张是写实派，胡是浪漫派。前者往"实"上靠，后者往"虚"

里去。《小团圆》是小说，然除了人物姓名是杜撰，其他种种，却是倾向于笔笔落到实处，《今生今世》应是纪实，偏多假语村言，胡兰成煞不住车地云里雾里；张爱玲处处在"丑化"，不惮于无情地剖析（包括自我剖析，甚至首先是自我剖析），胡兰成正相反，处处"美化"，人与事，无一不美好，真是阳光得可以。若说张是个有意戳穿佳话的人，那胡就是一个本能的佳话制造者。

所谓"佳话"者，就是众人口里的美谈，美谈者，不过是美丽的谈资，——谈资而已，当不得真。胡兰成偏偏就好这一口，最过瘾的，就是把自己编进去。伪造燕京大学的学历（自称是燕京出身，事实上只干过一年文书员），吹嘘在报界从一开始干的就是"总主笔"（事实上在好几家报社干的都是一般工作，要到得了汪精卫赏识之后才有了充"总主笔"的机会），这些都不必去说他了，反正他总是有本事在回忆录中将自己从一个小角色升格为一个大角色，一个仿佛能够主导大局的人（汪伪内部的权力倾轧中，他"二桃杀三士"的计谋居然可以置特工头子李士群于死地）。你会说这些大多并非光彩之事，何来美化？殊不知对胡兰成而言，唱主角远比论是非要紧，是个人物远比其他更能令他陶醉。

想象之中官场上的纵横捭阖只是胡兰成"佳话"的一个方面，他以风流才子自命，其"佳话"自当包括情场上的无往而不利。既然不论从哪一角度说他的官场生涯都算不上风光，他的桃花运当然更须大书特书，所谓"才子佳人"，似乎也是更能超越时空更地道的"佳话"。胡兰成并不总是以贬低他人来制造自己的佳话,述及他与女人的关系,其"美化"的路径毋宁是"水涨船高"式。

胡兰成并非只顾着美化自己,不是,你看他情史上一路过去,命中的哪一个女子仿佛都入得无双谱。自画自赞之余,他从不吝于赞美这些女性,——无他,红花还须绿叶扶,不够"佳人"可以突出夸大妇德、妇容、妇工中的某一面而升格为佳人,如此才能演绎出他醉心的才子佳人戏。张爱玲是重中之重,称得上浓墨重彩。于两人的恋情,他的定性是"欲仙欲死",藏身温州乡间时张的远道探访到他笔下自然是千里寻夫的佳话,成就张爱玲一往情深形象的,还有她大笔的钱接济难中的恋人,而他则没有让张享受过用男人的钱的快乐……。女人的"倒贴"在现实生活中或被暗暗嘲笑,在审美的世界里却从来是被赞美的,假如对象是她深恋的人。相反,男人而要仰赖女子接济,至少从世俗的眼光看,相当掉价,准此而论,胡道出此节,乃是贬己抬人之举(此中胡对其女人缘的自赏自得,又当别论),即此一端,也可见出胡的乐于成人之"美"。

不幸的是张爱玲不识抬举,《小团圆》中九莉与邵之雍的一段乱世之恋在她笔下百孔千疮,很是雾数,其中不足为外人道的种种难堪、纠结、折磨,她均要目不错珠地正视一番且表而出之。甚至关于金钱的细节在张的笔下也可找到对应,只是说法完全两样:邵之雍其实给过九莉一大笔钱,九莉接济难中的邵之雍,则在她意识中,不过是人我两清的还钱之举。两相比照,"本事"究竟如何不是我关心的,可以看出的是两人不同的态度：一个踵事增华，一个要穷形尽相。《小团圆》写在《今生今世》之后，某种意义上，可说是对后书的回应，张爱玲以她的方式显示了她的冷傲：她不需要修饰。做佳话的破坏者才给她一份快感。而胡兰成的"说谎成性"，实因于他不能自已的制造佳话的冲动。

叶德辉之死

叶德辉今天还会被人提起，很大程度上是因为他的死，——是横死。他是在湖南农民运动的高潮中被农民协会处死的。

这位蔡元培、张元济的同榜进士（光绪十八年）不喜做官，做了两年吏部主事便告假归里，在长沙市里的黄金地段上经营他的"叶公和酱园"。所好却在读书、聚书，其藏书及版本目录之学，大大地有名。倘他一门心思发财，纵或有官商勾结、欺行霸市的恶行，也不会招来杀身之祸，倘他只是闭户读书，就更不至此。关于叶德辉之死，说法不一，一说是因他的一副恶攻农会的对联，上联，"农运方兴，稻粱菽麦黍稷，一班杂种"；下联，"会场广大，马牛羊鸡犬豕，六畜成群"。据说该联触怒了农协。另一说是他强奸少女而此女后来参加了革命。后有研究者查到当时特别法庭的审判文献，叶的罪行计有五条，能否成立，均属可疑，第五条指其为"省城反动领袖及著名土豪劣绅"，犹难定义。然在红色恐怖中，这些含糊的罪状足够叶德辉死好几回。

事情的原委则仍是模糊。近在邓之诚日记中看到一说，

且照录如下:

> 与岳渔谈十六年三月初十,湖南共党杀叶德辉事。起因叶居淘粪者皆由后门出入。中共入城后,粪夫径由前门,为叶所见,先骂后殴,粪夫头破,奔诉间壁家民分会,会中人为之调解,叶甚咆哮,乃移法院,判叶出养伤费三四千元,值银元百四十元耳。叶不服,将上告。农会乃怂恿叶邻告发强占人妻及估奸事几十余起。由警备司令以土豪劣绅罪名枪毙,长沙颇有人快之者。岳渔时在武汉任政治部长,电长沙力阻,已后时矣。曾调阅宗卷,故知其详。

这里提到的岳渔即彭泽湘,1922年在苏联莫斯科东方劳动者大学学习期间,经罗亦农、瞿秋白介绍加入中共。北伐时任唐生智部国民革命军第八军前敌总指挥部政治部主任(日记中"政治部长"当即此职)。1931年因反对王明遭打击被开除出党,后一直与国民党左派从事反蒋活动,1949年后被安排到人民出版社从事翻译、编辑工作。

为何要"力阻"呢?怕是与叶的名声有关,叶被枪毙后章太炎曾表示不可杀,应保留"读书种子";梁启超则将王国维的投湖与此事联系起来:"他平时对时局的悲观,本极深刻。最近的刺激,则由两湖学者叶德辉、王葆心之被枪毙……静公深痛之,故效屈子沉渊,一瞑不复观。"可见叶德辉在他们心目中首先是读书人。但是红色恐怖中,读书人又算得了什么?

上面的这则日记记于1950年9月,有意思的是,邓老先生笔下仍出现"共党"字样,虽然日记算不得言论,但若是被人发现,因言获罪也是可能的。

"出土文物"郑超麟

文革结束后,好像是在某次作协大会上,萧军倾吐胸中积郁,自比为重见天日的"出土文物"。以十年间受害者之众,这比况引起广泛共鸣是意料中事,所以传得很广。"出土文物"须具备几个条件:首先得大小是个人物(否则不足以称"文物"),其二是长时间的消失,仿佛不存在,最后是"命硬",熬过了长期的肉体与精神的折磨。准此而论,郑超麟比萧军更有资格称为出土文物。他是早期共产党人,赴法勤工俭学的那一拨,其后又到莫斯科中山大学镀过金,回国后一直在中央工作,是中共机关刊物的笔杆子。

当然,1929年以后他参加中共党内反对派的活动,成为"托派"组织的领导人之一,所谓"中央"应是"另立中央"的"中央"了。"另立中央"在党史中是一项非常严重的指控,属十恶不赦之罪。虽然以当年"托派"在中国的不成气候,郑超麟等人的活动除了让他们蹲国民党的班房之外,似乎并未给"中国革命"带来什么严重后果,郑1949年以后还是被人民政府监禁,从1952年到1979年,计二十七年,应得上"将牢底坐穿"一语。

老人解禁后活了差不多二十年，与世纪同龄，九十八岁去世，也算是高寿。"文物"出土，各有各的活法，郑超麟的选择，是以他的方式为"托派"平反，为陈独秀以下一干人（包括他自己）正名。读中学时就知道有个"托派"，只是像其时历史/党史（二者合二而一是常态）书里的其他反派角色一样，编者除了告诉你他们"反动"，不可饶恕的"反动"之外，不提供其他信息。我虽不至于将"托派"想象得青面獠牙，然而那个反革命标签也就隐隐地贴在那里。到九十年代郑老的书可以公开出版之时，我当然已对中国"托派"略知一二，知道他们反斯大林追随托洛茨基，固与斯大林治下的苏联不同调。但郑老的回忆文章第一次让我领略到一个活生生的"托派"，虽然他的硬气不见得有多少代表性。

说他"硬气"，是因为几十年牢坐下来，他仍不改初衷，坚持原先的托派立场，在狱中及出狱后，他一直在为托洛茨基辩，为陈独秀辩，为中国"托派"辩。更有意思的是他对党史、对"托派"诸多事实的澄清，他几乎是不依不饶地在书信、文章里对老朋友的回忆、有关的学者发难，为此不惜与好几位老友绝交。他的晚年有不少忘年交，我有一位间接的熟人就是。我想他们未必对他的立场有多少认同，所佩服者，乃在他认死理的较真：早期的共产党人，有许多真正是有信仰的。

读他的文章，常想到"书生"二字，职业革命家与书生，似乎不搭界，但没来由地这二字就是会冒出来。其一是"书生之见"，——他对托洛茨基理论的执着，从"一国不能实现共产主义"的断言,到"无产阶级专政"的纯粹性,衬在中国革命复杂的语境之上,委实显得不合实际;其二是"书生意气",——年轻时的天下己任不用说了,历经磨难之后也还是意气昂昂,为文咄咄逼人,没有分毫的妥协。这部分地应归因于他倔犟的性格,此外就要归因于他的"信"了。

"内部发行"

"内部书""内部片",都是当年削尖了脑袋想看的,现在有没有成为过去时,不知道。也许网络已经部分地完成了对"内部"的穿越。内部书当然是要秘而不宣的,其假定是它们对大多数人不宜,但是为知己知彼的缘故,这些成问题的书还是要有限度地出版,供少数人"参考批判"之用。不管是上世纪六七十年代的"灰皮书""黄皮书",还是本世纪初昙花一现的"黑皮书",其"内部"性质,从封面上括弧里的"内部发行,仅供研究"等字眼即可看出。

在过去,书要到读者手中,新华书店是必由之路,"内部发行"当然要另辟蹊径,据曾经从事内部书出版的老人回忆,出版社是有张名单的,够级别的干部和有研究之需的人员均登记在案,书出来即按人头打电话询问,想要则寄钱过来。此外就是不对外营业的内部书店了。内部书通常的印数是九百本,须知九十年代以前,印数几万是小意思,也就见得"内部发行"书之珍稀。

我读到的《郑超麟回忆录》即在"内部发行"之列。

平头百姓一个，原是没资格与闻"内部"的，好在八十年代以降，"内部发行"渐渐地已是形同虚设。上世纪八十年代初，东方出版社曾以"现代史料编刊社"名义出版过一批中共党史的著述（就是说，"现代史料编刊社"纯属杜撰），俗称"灰皮书"，到2003年，"灰皮书"变成了"黑皮书"，出版单位也变得"坐不改姓，行不更名"起来，直署"东方出版社"。其间的区别，增加了品种之外，似乎是前者是真正的内部发行，要真正的内部人士才能买到，后者则虽在封面上作者署名下面的位置就有"内部发行，仅供参考"的字样（版权页则写为"内部限量发行"），书店里也照样买得到。我就在一私人书店里买过其中的几种。这批书书价不菲，如《郑超麟回忆录》上下两册，一千多页，定价是一百元整，明显高于当时一般书籍。定价高，又有需求，于是有盗版书的出现。这套书里《张国焘回忆录》我买到的就是盗版，可证其时"市场经济"已渗入"内部"，在此（其实也包括书店公开发售正版的内部书）"内部"字样已同电影院海报标榜"少儿不宜"一样，具有以广招徕的功能。

当然，内部与内部之间可能还有"内"到什么程度之分，但这也非外人所能了然。有些书，未见有"内部发行"字样，却肯定"内"得可以。比如六十年代出过的木刻影印本《金瓶梅》。"灰皮书""黄皮书"你想办法总还可以看到，那时见过《金瓶梅》的，恐怕就少而又少了。

私生活

我一直以为,凡"内部发行"的书,就该是全须全尾的,史料一类的书就更是如此(不然何以言"史料"),其实不然。比如《郑超麟回忆录》,除了个别的字句处理之外,里面的第七章《恋爱与政治》就不翼而飞。这一章内容涉及二三十年代中共高级干部的私生活,照郑的说法,其中有些,"颇似上海小报上的桃色新闻,难免被人斥为无聊"。故他原本即有删去之意,然而又心有不甘,因为"我的本意是要写那个时代革命者几种恋爱形态,要从恋爱上显出若干革命者的性格,本无道德观念掺杂其间"。虽然如此,遵出版部之意,最后还是删去了。

这一章我后来看的是从一个朋友那儿来的打印件,果然牵涉的历史人物很多,有很多人已是革命先烈,如罗亦农、瞿秋白、张太雷、蔡和森、向警予、王若飞……,由此我就大胆假设,有关部门劝郑老删去,大约是因为这部分内容与党史应有的严肃性不符,且可能会有"抹黑"的效果。为尊者讳,这是有传统的,不独党史为然,只是革命史、党史的叙述中,个人生活的痕迹抹去得特别干净,正经的史著中固然"不落言筌",个人的回忆中也少见只字片语的提及。这样的遮蔽自然让高层人物免去了被八卦,像西方政治人物那样的花边新闻,我们这里是再没有的。我记得关于领袖人物最八卦的一个段子,是说江青曾对人言,王光美的风度、张茜的腰身,加上她的脸,那就一无瑕疵了。这也是江青倒台后才传起来的,可视为讽刺材料使用,也可纳入到"批判"的大概念里去了。

另一方面,这样的遮蔽使得领袖人物距离化、神秘化,正经点说,它也成为造神运动的一个方面。现而今常说起的一句话,革命者、革命领袖也是人,斯大林所谓"特殊材料"云云不大说了,对其私生活的披露则仍是个不大不小的忌讳,要不就是在文艺作品中以高度修饰的程式化的方式出现。

事实上领袖人物私生活之重要,还不单单在其本身,郑超麟之所以对《恋爱与政治》那一章不愿割舍,最在意者也正在于此:他以为那个时代,私生活与政治有时是纠结在一起的,据他的观察,彼时"中共干部之间的矛盾和斗争,有许多只能用恋爱的纠纷去解释,删去此章就无法解释了"。主流的叙述通常不承认党内斗争中个人动机的因素,而剔除"人"之后,仿佛当真只有"思想""路线"在那儿交战了。

恋爱与革命

上世纪二十年代后半段,在激进青年中,"五四"已被认为是落伍的、过去时的了。在共产党人中间,这更不必说。恋爱至上显然就被当作个人主义的东西,颇受质疑。早期共产党人高君宇与石评梅的爱情故事是很多人都知道的,当年庐隐将其写为小说《象牙戒指》感动了无数青年,然在党内,这段恋情并非美谈。"我们并不羡慕这种'五四'初期的恋爱形态,……女主角并非同志,这个恋爱并不是建立在革命事业上。"郑超麟在回忆录中如是说。后来以"革命加恋爱"小说闻名的蒋光赤(即蒋光慈)在莫斯科时正与国内一女子热恋,情书不断恍如小说中一般,则更在同志间被嘲笑。

他们羡慕的是蔡和森、向警予的结合,称之为"模范夫妻"。二人皆全身心投入革命活动,向警予似给周围的人留下了更深刻的印象。据郑的描述,向警予工作忘我,毫不沾染上海的浮华习气,在恋爱问题上,"她恨死党内浪漫的男女同志"。她的严肃令周围的人起敬且生畏,女同志都怕她,甚至陈独秀也让她三分,以致大家称她"祖母",或"革命祖母",瞿秋白则戏称她为党内的"宋学家"。有一事很能见出她的个性:开会或闲谈时,陈独秀常爱拿男女关系开玩笑,向若在场,就会表示不满,提出抗议或说上几句,令陈下不了台。对陈犹如此,其他人在她面前就更不敢放肆。

出人意料的是,向警予在蔡和森北京养病期间爱上了彭述之。即使从郑超麟简略的叙述中,也不难察知向警予的自我挣扎。最终她还是和彭生活到了一起,以她的性格,她不能向蔡和森隐瞒,后者的痛苦亦可想而知。倘是普通人,或许问题是别一种解决方式,党内的恋爱纠纷使得私生活与组织纠结起来,蔡和森在中央主席团一次会议上将此事提请讨论。陈独秀最初的态度似乎是尊重向的意愿,让她在两人中间做出选择,向伏案大哭不语,于是只好由中央,即陈独秀、瞿秋白、张国焘,做出裁决,派蔡和森、向警予一起到莫斯科去。向并未表示反对。

一场风波,似乎就此平息。然而据郑超麟的观察,向其实是宁愿舍蔡而就彭的,事实上蔡、向二人在莫斯科终于还是分道扬镳。据此郑怀疑中央的处理是否恰当,依他之见,任其自然发展,不加干涉,则会减少许多纠纷,而此事的严重后果,是个人恩怨被带入到后来的党内斗争中。这当然是他的"一面之词",只是从组织决定当中,我们已可看到"革命"与"恋爱"不同于"革命加恋爱"小说中的另一种牵连方式了。

瞿秋白与《多余的话》

《多余的话》果然"多余"

文革年间,刘少奇成为头号反派角色,罪名是三顶帽子:"叛徒""内奸""工贼"。其时我正在读小学,也要学习报刊文件,于三项罪名对应的罪状,大概知道。对我们而言,"内奸""工贼"的概念有些模糊,"叛徒"则似乎是很明确的,就像"汉奸"一样,恨"叛徒"根本不必动员。故不必其他,有此一项,也就万劫不复了。其难以承受,我们从周恩来病危之际"我不是叛徒"的自语中亦不难窥得一二,——江青等欲置他于死地,就是要把他说成叛徒。

上中学时我不知从哪儿看来一本油印的小册子,知道共产党内还出过一个大叛徒,即是瞿秋白。糟糕的是,后来又不知从哪儿看到文革前出的一本书,那里面的瞿秋白还是个正面形象,写他的从容就义,用的是很文学的笔法。以我彼时很简单的头脑,实在弄不清,一个不肯屈服而被国民党枪杀的人,怎么倒是"叛徒"。后来终于明白,是因他不合在临刑前的一段时间里写下了两万余言的自白书《多余的话》。有很长一段时间,我惦着要看两个"叛徒"的自白书,一个是太平天国忠王李秀成,一个就是瞿秋白。批瞿的叛变,好像就是拿李秀成说事的,李秀成兵败被俘后写下了一份自述,是给清廷的供词,其后就被杀害。

在那本文革前出版的书上,我看到瞿秋白的照片,面容清秀,与彼时图像中金刚怒目的英雄形象相去甚远,却也看不出叛徒相,以我想来,这是典型的"小资产阶级"的样子吧?——虽然在雨花台纪念馆里看到的一些烈士的照片,从穿着到表情,倒也差不太多。

虽然心中有疑问,我对瞿秋白之为叛徒的结论是不会怀疑的,正像认定李秀成是叛徒一样。甚至他们各自都有用以对照的对立面,可以两两并置。在瞿秋白,是方志敏,方在狱中写下《可爱的中国》(那是我们的课文),真正是慷慨赴死;在李秀成,则是英王陈玉成,他是文革后期树立起来的反投降的太平天国英雄新样板。我一度对陈玉成的崇拜与他的年纪有关,他封英王时只二十岁出头,在我的意识中,他差不多就是戏曲说部连环画中少年英雄罗成的形象。

那时候,读到《多余的话》是想也别想的。好几年后,文革结束,瞿秋白也平反了,我头一次从一本非正式出版物上读到了瞿秋白的这份自白。看得似懂非懂,而我英雄的情结仍在,尽管文中的那份纠结颇让人有动于衷,他的形象却终少几分英雄的高大、烈士的慷慨。我知道他是哼着《国际歌》走上刑场的,《国际歌》最通行的版本就是他译的,这时候,唱就对了嘛,你扯出"豆腐"干什么呢?——《多余的话》"告别了!"之前最末的一句他写的是:"中国的豆腐也是很好吃的东西,世界第一。"

"烈士"之名

因被说成"叛徒",瞿秋白在八宝山的坟墓被毁,其父母、兄弟在济南、常州等地的墓地也被破坏。既然他之被诬是因为《多余的话》,我们可以说,他某种意义上也是"因言获罪"。现在当然没有谁会视之为变节的自供,但对不少人而言,这自白书似乎仍使瞿秋白的烈士形象受到拖累。方志敏的《狱中纪实》无疑为自己加了分,瞿秋白自谓"多余"的一番话则是绝对的减分。前者直可看作励志书,后者则似乎无论如何也解释不成所谓"正能量"。

加分、减分,都是相对于"身后名"而言,这里的"名",当然英雄、烈士之名。瞿秋白被俘后国民党方面多次劝降,他不为所动,临刑之从容,令对手亦心折,其行为当得起"烈士"之名,《多余的话》却一点也不烈士,——就"烈士"形象而言,谓其"多余",一点不错。相信他的很多同志会为此感到遗憾,比如毛泽东。长征之前,毛泽东与瞿秋白在苏区受王明路线迫害,被排挤打压,同为失意者,私交很不错,毛对瞿的才华也颇钦佩,后来在延安还曾发过感慨:"怎么未有一个人,又懂政治,又懂文艺,要是瞿秋白同志还在就好了。"又还对人说过瞿是"怀才不遇"。1950年他应瞿秋白遗孀杨之华之请为《瞿秋白文集》题词:"……瞿秋白同志死去十五年了。在他生前,许多人不了解他,或者反对他,但他为人民工作的勇气并没有挫下来。他在革命困难的年月里坚持了英雄的立场,宁愿向刽子手的屠刀走去,不愿屈服。他的这种为人民工作的精神,这种临难不屈的意志和他在文字中保存下来的思想,将永远活着,不会死去。瞿秋白同志是肯用脑子想问题的,他是有思想的……"这里的"有思想"或是联想到在苏区时他们对王明路线的质疑也未可知。可以肯定的是,他断不会将《多余的话》看成"用脑子想问题"的例证。事实上,1964年读到这份自白之后,他对瞿的评价就完全变了。有两种说法,一种是毛泽东直接定下了"叛徒"的调子,一种是,毛未指瞿为叛徒,只是说:"今后不要宣传瞿秋白了,要多宣传方志敏烈士。"还有一说:大约1962年看了《多余的话》,毛曾对时为中央办公厅主任的杨尚昆说:"瞿秋白对革命有贡献,但临终前写了《多余的话》,这是消沉,最多是动摇,作为一个有学问的人,临终前还是可以谅解的。"——甚至不乏回护之意了。但《多余的话》之为"多余",仍是不言而喻。

历史真的有很多的偶然性,当年高歌"引刀求一快,不负少年头"的汪精卫若被清廷杀害,就是一世英名。瞿秋白若不是形同抛弃地被留在了江西,就不会有后来的被俘,自然也就不会有后来的自白,那样的话,他就是一位百分之百的烈士了吧?

问题是,烈士之名,是瞿秋白想要的吗?

怎一个"累"字了得?

我初读《多余的话》,对其中的纠结不大明白,过好多年此书正式出版,再读一过,自谓读懂了:瞿秋白的"满纸荒唐言",只道得一字,即是"累"。

我不知瞿秋白在狱中拟想中的读者是什么人,可能他自己也不确定,读到的人能否解得其中的"一把辛酸泪",更属未知。所以"代序"题的是《诗经》的句子:"知我者,谓我心忧,不知我者,谓我何求?""绝灭的前夜",说什么似乎都是多余,之所以不能已于言,只因将胸中积郁一吐为快的冲动。

弥漫于《多余的话》字里行间的,是瞿秋白的疲惫感。从成为政治中人开始,他一直觉得累,这固然因他体弱多病,长年拖着病躯工作,因为党内无情的政治斗争,他之被俘,很大程度上就是党内斗争的结果,但是在他"以今视昨"的自问中,一切的一切皆源于他勉强自己去扮演了一个不相宜的角色:他骨子里是一个"文人",一介"书生"(这两个词在他那里可以互换),不幸错进错出,成了政治领袖。自述一生经历之后,他专写了"文人"一章来描述两个角色在他身上的冲突。他是个生性平和的人,政治生活的"斗争"氛围却一再将他置于风口浪尖之上;他是个喜欢文学、向往书斋生活的人,却不得不终日面对繁琐的实际事务;他是个颇重个人情趣的人,政党的纪律却不给他一点余地……。他应该是一个率众前行的人,然在会议上、争辩中却暗自巴望一切快快结束,他想回到自己的小天地,歇息,却因形格势禁,终不可得。换句话说,他是被自己被时代绑架了,他想从那个角色逃逸的冲动被死死地摁在心底里,直到被俘绝命之际,他才敢于和盘托出。

很少见有人敢如此坦诚地面对自己,比之于"欺人",摆脱"自欺"是更难达到的境界。瞿秋白在文中多次说到了"勇气",他之所谓,不是临难不苟的大义凛然(这点他做到了),而是对自我毫不躲闪的直面,他忏悔的是,即使对最亲近的人,他也没敢说出这一切。而在生命临近终点之时,他终于义无反顾地说出来了。

《多余的话》道出的,乃是书生从政的尴尬和苦恼,从中我们可以体味到时代政治不由分说的性质,这种强制性甚至也见于这份自白面世后的遭遇。瞿秋白当然明白《多余的话》会给他的身后名带来的负面影响,但他根本不愿为"烈士"之名操心。相反,他最恐惧的,恰恰就是人们给他带上"烈士"的桂冠,他比谁都更清楚,这不真实。但是就像他活着时"心为形役"一样,他死后也还是身不由己,因为捍卫他的名誉的人所做的,正是要为他加上"烈士"的冠冕,随便是出于意识形态的需要还是其他的动机。

这对于他,会不会也是一种"累"?

于是想到《多余的话》最后那句"中国的豆腐也是很好吃的东西,世界第一",我宁可将这突如其来的一笔,看作他对重返凡夫俗子生活的神往。

信,还是不信?

时至今日,瞿秋白《多余的话》之不伪,已经被绝大多数人接受了。然而很长时间里,中共内部及左翼阵营中的许多人都是怀疑的。

鲁迅的态度最坚定,某次茅盾偶然提起《社会新闻》上刊载的摘录,他嗤之以鼻,直斥为"造谣"。其时瞿秋白尸骨未寒,鲁迅正满怀悲愤为亡友编校文集。不知他是否读到过那份自白的片断和《社会新闻》选载《多余的话》时所加按语:"瞿之狡猾恶毒至死不变,进既无悔过之心,退亦包藏颠倒黑白之蓄意,故瞿之处死,实属毫无疑义。"国民党御用文人赵庸夫在评《多余的话》则称其末段"鼓吹伪政府,不便发表",——并非悔过书、投降书,从这里也不难推断。然即使鲁迅读到,恐怕也不会对其真伪细加推敲。左翼阵营的其他人反应也一样,——"我们当然谁都不信,"茅盾如是说。这里不假思索的否定当然是一种有预设的态度:在敌人俨然大获全胜的时候,谁都不愿看到己方的人有示弱的表现,何况是瞿秋白这样一位可以符号化的人物。《社会新闻》乃是一份有国民党中统背景的杂志,《多余的话》出现在这里,就更是可疑,鲁迅斥为"造谣",不为无因。

直到1937年《逸经》杂志刊登了《多余的话》全文,左翼中人始觉有"造谣"之外的可能性。但仍将信将疑,且宁愿并无其事。郑振铎曾"自报奋勇"到《逸经》去打探底细,他看到底稿认定不是瞿秋白笔迹后很兴奋地告诉了很多人，显然这符合他希望求证到的结果。此中的心态颇堪玩味。郑振铎、茅盾、鲁迅与瞿秋白的关系均非泛泛：郑与瞿二十年代即相识；茅盾身为早期共产党人，与瞿秋白早就是同志，文学上二人亦颇多切磋，写《子夜》时的茅盾对瞿几可谓言听计从；鲁迅与瞿秋白相识最晚，却交情最深，曾有联相赠："人生得一知己足矣，斯世当以同怀视之"，鲁迅许为知己者，并世能有几人？身为文人，鲁迅对隐身于政治家瞿秋白背后的那个"文人"岂会一无所知？事实上瞿秋白给鲁迅的信中就曾以"犬耕"自况，道出他以书生而从政的不堪重负，其意与《多余的话》中的纠结，正复相通。

丁玲在延安读到《多余的话》，马上根据其中流露的情绪及行文风格断定，作者舍秋白而谁？以鲁、茅、郑对瞿秋白的了解，他们完全有可能做出同样的推断。然而鲁迅为愤激与形势所蔽，宁信他的直觉，郑振铎则宁信笔迹而不愿从内容上找证据。我们只能说，人们见到的，的确往往就是他希望见到的。

多年后，茅盾再谈《多余的话》，有非常正面的理解与评价，他未说自己是如何从不信到信的，却也不难推测。从"尸骨未寒"到"墓木已拱"，时空的距离、形势、心态，早已不是鲁迅当年下判断时的情形可比。

至于毛泽东知悉《多余的话》确为瞿秋白所作后即令对瞿不再宣传，丁玲、茅盾信其为真后对其中的纠结充满"同情的理解"，就见出政治家与文学家立场的不同了。

临终书单

《多余的话》"告别"一章中,临终前的瞿秋白给后人留下了一份书单:

俄国高尔基的《四十年》《克里摩·萨摩京的生活》,屠格涅夫的《罗亭》,托尔斯泰的《安娜·卡里宁娜》,中国鲁迅的《阿Q正传》,茅盾的《动摇》,曹雪芹的《红楼梦》,都很可以再读一读。

我们也许见识过各种各样的书单,临刑前开出一张书单来,不说绝无仅有,也肯定是难得一见。我不记得瞿秋白此前是否面向公众开过类如"青年必读书目"那样的书单,可以肯定的是,如其有的话,肯定是另一面目。在生命的最后一刻,与其说他是在荐书,不如说是希望自己有机会重温,就是说,这书单是他自我告白的一部分。

瞿秋白精通俄语,熟悉俄苏文学,这张书单上俄国与本国小说各据其半,顺理成章。《安娜·卡里宁娜》与《红楼梦》是世界文学中的瑰宝,不消说得,《阿Q正传》彼时尚未有后来的崇高评价,但瞿秋白已是以名著视之了。其他三书(我怀疑《四十年》是误笔,因高尔基并没有这样一部书,而《克里摩·萨摩京的生活》——今译《克里姆·萨木金的一生》——副标题恰是"四十年")撇开水准、地位的高下不论,有一共同点,即主人公都是软弱的知识分子。《罗亭》更是俄罗斯文学中"多余人"画廊里的经典之作,其主人公早已成为夸夸其谈、面对现实则束手无策的空谈家的代名词。罗亭是一个极想有为,又被落在肩上的责任吓坏了的人,他的最后死于巴黎巷战,并不是他已出离"多余"状态,有了一份坚定,——投身到外国人的革命中,毋宁是他对现实的另一种逃避。瞿秋白是中共党内的理论家,在另一意义上,照他在《多余的话》中的自省,他也是个"理论家",昧于实际。在现实中他只是个手无缚鸡之力的"文人",尽管卷入实际的政治斗争,且一度成为政治领袖,尽管郑超麟认定他在党内斗争中也使过手腕,但以自白书中的纠结而论,他以罗亭自况,一点也不让人意外。

最让人意外的,是他提到了茅盾的《动摇》。不论从哪个角度说,《动摇》都没有资格与书单里的其他几部平起平坐,此外,"蚀"三部曲中这部描写大革命之作流露出消沉、彷徨的情绪,其不符政治正确,是瞿本人在文章中也嘲讽过的,他参与了意见,又曾高度评价的茅盾作品是《子夜》,此时他反倒不提了。我们只能推断,也许是《动摇》中方罗兰的处境,还有面对现实的无力感,让他心有戚戚吧?当他高度评价《子夜》时,文学对于他还是现实斗争的工具,此时则成为"苦闷的象征"了。

赛珍珠在金陵大学

一

赛珍珠在中国，名声说大不大，说小不小。——不大，因为没多少人读过她的小说；不小，因为她以写出中国农民生活的小说《大地》得了诺贝尔文学奖。

外国人在中国生活，取个中文名属题中应有。名字不仅拟音，而且有意，则往往是中国人帮着取的。"赛珍珠"则是自取，她自小在中国长大，又曾有中国老夫子课读，这是小事一桩。本名既为 Pearl S. Buck，来个"赛珍珠"，也算音、意兼顾。而且她这还是有"出处"的，——仿的是"赛金花"。这就有点"拟于不伦"了：一个传教士的女儿向中国名妓看齐，好像有点说不过去，而且人家那是"号"；另一方面，这名字也实在土得可以，好在洋人眼里，也就是有个异国情调而已。只是她自己挺当回事，她的基金会就很醒目地写着"赛珍珠"三个朱红大字。

当年在中国，洋人圈里固然称其布克夫人，即如中国人，也多是如此称呼，鲁迅在信里提及也是这样，恐怕要到得诺奖之后，"赛珍珠"才取而代之。作为布克夫人的赛珍珠在金陵大学教书，还在东南大学兼课，——夫唱妇随，她丈夫布克先生在金大当教授。1926年，梁实秋在东南大学任教，休息室里常与她谋面，说她是"典型的美国中年妇人"，"肥壮结实，露在外面的一段胳膊相当粗圆，面团团而端庄"。虽然交流不成问题，她课前与休息室里的同事却只是点头招呼，到一边坐下，并不搭话。原先中国同事间的热闹闲谈因她的出现一变而为冷场。某次她离去后张歆海指其背影对梁等在场的人道："That woman..."言下大有鄙夷之意。张为"学衡派"人物，与吴宓、梁实秋等同为哈佛名教授白璧德的弟子，此时是东大的外文系主任，赛珍珠即在外文系教英国文学，张应是她的顶头上司了。作为白人教员，不敷衍上司同僚，也算正常，不过休息室里的尴尬没准也和赛珍珠对中国知识阶层的态度有关，她一直对中国下层老百姓抱有好感，在文章中也多次写到她与他们之间的友谊，相反她大体上将中国知识分子（特别是有留学背景倾向西化的）看作没有根基、与"大地"失去了联系的一群。她与下层百姓之间那种融洽的氛围在这间休息室里消失了。

梁实秋不明白张歆海的不屑由何而来，他自己倒认定，赛珍珠"应该是一位好的教师"。这是由何而来的判断他没说，然而若可以从后来的事下判断，则赛珍珠的教书生涯并不成功，她被学校开掉了，不过开掉她的不是东南大学，而是金陵大学。

二

倘若不是后来写小说出了大名,没准赛珍珠还会继续做她的布克夫人。

赛珍珠的故居还在,就在现在的南京大学校园内。有好多年,那栋两层的西式小洋楼是中文系的所在,我在那里进出多年,不知赛珍珠与之有何瓜葛。不知也不奇怪:南大的前身是中央大学,中央大学所在地是现在的东南大学,这里却是金陵大学的地盘。上世纪五十年代初中国高校的"院系调整"破了原先的高教体系,即以校址而论,仿佛也来了一场乾坤大挪移,不留意者难免张冠李戴,搞得一头雾水。

那栋小楼并非赛珍珠的私产,是金陵大学分给他们的。金大是美国教会办的学校,所以那应是教会的财产。按我们后来的分房规矩,房主该是布克先生,他是农学院教授,赛是"家属"的身份,只是其时在华的洋教授,不少人的"家属"也教书,——教外语似乎不成问题,赛珍珠是康奈尔大学的硕士,资格是不用说的,虽然她说自己是个家庭主妇型的人。

家是她的一片舒适小天地,相夫教子,布置房间,拾掇花园,接待朋友,夏天到庐山去避暑……这些生活内容大约与一般在华的洋人家庭无异。洋人在中国高人一等,不言其他,那样的小楼,就非赛的中国同事所能觊觎。奇的是赛珍珠眼睛向下,这一点甚至也见于她对学生的态度。她同时在两所大学任教,在她眼中,教会大学与国立大学的学生完全两样。金陵大学的学生多来自沿海城市,家境优裕,见多识广,英语相当不错,却是养尊处优,不思进取。东南大学的学生多是贫寒子弟,营养不良,英语糟糕,若非通汉语,赛觉得简直没法教他们。但这些学生勤奋刻苦,求知欲强,生气勃勃而勇于探索。显然,她对后者更有好感。东南大学条件差,冬天没有暖气,她和学生一样在教室里冻得浑身冰冷,但她自谓心中"温暖如春":"我与这些吃不饱穿不暖却醉心学问的年轻人之间没有一点隔阂,他们什么都想谈论,我们也就无所不谈。"以至于每下课师生间竟有恋恋不舍之意。梁实秋说她"应该是个好老师",或是听到过学生的议论也未可知。

对两校学生评价不同,投入也就不同了吧?她在金陵大学教的学生不知是否有所觉察,反正他们肯定没有那份恋恋不舍之情。赛珍珠后来在自传中对她在金大被开之事只字未提,代之以钟情东大学生的描述,大概这事多少有几分尴尬,而她肯定知道,那是由金大学生的"告状"而起。

三

民国年间的大学,规模与今日的大学相比,简直不值一提,一所大学几百学生是常情。教会大学人数又要较国立大学为少。学生告状径直可以告到校长那里,校长往往还得亲自过问。赛珍珠就被告到了校长室。关于此事,金大校长陈光裕在回忆文章中提了一笔:

> ……由于她（赛珍珠）上英文课时常夸夸其谈，离题万里，引起学生不满，后来反映到校长室。我转告了学生对她的看法，希望她引起注意，她就被调走了。此事曾引起部分美国传教士对我的不满，他们说我不尊重赛珍珠，"使金大失去了一位朋友，殊属可惜。"我当时也深感不安，但又无可奈何。

这段话语焉不详处甚多：既然是希望"引起注意"，陈校长转告学生的意见，应是一种提醒，并非即以让赛走人发落，赛当时的反应如何不得而知，是她因此主动辞职，还是后来校方不再续聘？当然结局是清楚的，即赛从此不在金大任教。

这当然是赛珍珠获诺奖之前的事，若是获奖之后，课上得再烂，想来学生震于其名声，也不会告状。事实上赛珍珠此时已有几个短篇在大洋彼岸发表，虽然写作与教书确为两事，她比许多在华混饭吃的外籍教员更够格却是可以肯定的。可惜不知她在课堂上"夸夸其谈"些什么，引得学生如此反感。

我对此事感兴趣，实因教会大学开掉洋人教员的事，少而又少，不意赛珍珠居然中彩。赛珍珠虽出身于教士家庭，与教会的关系并不融洽，在镇江教中学时还受到过教会的非议，但作为美国人，她怎么也是自家人，回护她是自然的。人家出钱办的学校而要处置人家的人，陈校长的"深感不安"亦可想而知。此事卒以赛离开告终，说明虽然学校的经济权仍牢牢抓在教会手中，中方的学校当局还是有其独立性。

另一方面，陈光裕所谓"无可奈何"，当是要面对来自学生方面的压力。民国年间的学生真把自己当学校的主人，因课上得不好，就闹到赛走人。换到今日，若不是弄出什么捅到社会上的丑闻，怎么也能在讲台上混下去。话说回来，学生大概早无所谓了。

虽然不再教书，赛珍珠当然仍住在那栋小楼里。这栋楼如今已成"赛珍珠故居"，装修一新。前几天经过，发现楼前立了碑，还有座雕像。却是门窗紧闭，朝里张望，空空如也。

梁实秋：不受欢迎的人

一

冰心曾有戏言，我的朋友中，男人中只有梁实秋，最像一朵花。从一般修辞上说，这似乎有点"拟于不伦"了，因通常只有说到女性才会以花为喻。不过不必"以辞害义"：她说这话当然不是"象形"，大略只是说梁风趣随和，与人相处令人愉快，很绅士风度。这一面我们从梁的小品文中亦可察知一二。但"物以类聚，人以群分"，在"太太的客厅"里受欢迎，或者可以正是其他人群讨厌他的理由，而且换到公共生活领域，好性情往往不作数。与鲁迅的笔仗，闹得沸沸扬扬的"与抗战无关论"不必说了，抗战时梁任国民政府参政员，据说在某个场合曾与人有过激烈争论，足见这个谦谦君子也有争的时候。也就是因为政治立场，在延安那一面，他成为不受欢迎的人。

延安方面不待见梁实秋，可想而知，毛泽东《在延安文艺座谈会上的讲话》中指名道姓地批过他，举为"资产阶级文艺"的代表，可见是挂了号的。而且这号应该是早就挂了的。偏偏梁要到延安去做客：1940年初"国民参政会华北视察慰问团"访华北，梁是该团的六位成员之一。原行程中有赴延安之议，延安方面致电参政会，电中点了梁实秋等人的名，表态拒绝，延安之行遂被取消。

梁对此事耿耿于怀，晚年的回忆文章中不止一次提到。参政会组团时他起初嫌为时太长，曾婉辞，后来加入，未必就是因为有延安这一站，不过延安对他颇有吸引力："我最感兴趣的是我们预定的延安之行，有人视为不堪一击的一个窟穴，也有人视为'圣地'，……我个人更想亲自看看共产党控制下的地方究竟是什么样子。"没能去成，当然很遗憾。

这事很多文章都提起过，我感兴趣的是导致此行夭折的那份电文。在梁的回忆中，毛泽东的电文大意如下："国民参政会华北慰劳视察团前来访问延安，甚表欢迎，惟该团有青年党之余家菊及拥汪主和在参政会与共产党参政员发生激烈冲突之梁实秋，本处不表欢迎。如果必欲前来，当飨以本地特产之高粱酒与小米饭"（另一处提起小有出入，为"玉米面"）。考察团诸人接到重庆转来的电文，读后不得其解："我们研究电文，颇感困惑。我和余家菊是不受欢迎的，但是又答应给高粱酒与小米饭吃，不知是什么意思。"

按照上引电文，的确是费解。"朋友来了有好酒，若是那豺狼来了迎接它的有猎枪"似乎才是合乎逻辑的。毛泽东说话行文天马行空，庄谐并出，但最后一句若说是幽默，却又不像。

二

问题出在梁实秋的记忆和理解上。记忆经常是靠不住的,掺和了先入之见的记忆尤其靠不住。谈论那次延安之行的半途而废,自然要引述那份来自延安的电文,梁文中分明只说是"大意",却不知为何用了双引号,他人引述,皆本于此。

所幸那份电文在《国民参政会纪实》等书里可以查到。两相比照,梁的转述均能找到相应表述,只是细观上下文,延安方面决非只是针对梁、余二人,而是对参政会组考察团一事整个持怀疑态度,其背景则是边区一带国共双方不断发生的摩擦。大略言之,中共认为视察乃是幌子,不过是搜集有利于国民党方面的证据向国人证明中共的种种不是,作为取消边区的证据而已。电文中首先就质疑了视察团的人员构成,谓无一共产党参政员被邀参加,且提出此案的沈钧儒、邹韬奋、陶行知等亦皆排除在外,"全体团长团员中,除在第二届参政会中,因发拥汪主和谬论而与共产党参政员及坚主抗战诸参政员发生剧烈冲突之国社党员梁实秋及国家青年党员余家菊两君外,余皆国民党一党之参政员同志。由此等人选组成之视察团,对于视察事项所搜材料及所作结论,必属偏私害公,殆无疑义。"国共是夙敌的关系,国民党在朝,以国民党身份的参政员调查边区事,最乏公信力,所以梁、余原是陪绑的性质,只因要强调二人虽非国民党人却亦有问题,才特将其表而出之,以所举"劣迹"而论,又以梁实秋为多,以致看上去反倒是梁首当其冲了,——这或许就是梁以为电文是针对他发难，终不释然的原因。他之被拒不能算是"殃及池鱼"，因国社党反共，他也一向是左翼之敌（"拥汪主和"一说则有误），但电文的主因却是"城门失火"。事实上中共所图者大，以他区区文人，只不过是拿来说事而已。

至于让他费解的"高粱酒与小米饭"，电文中是有的，乃是在假定视察团动机光明正大前提下的转语："若然，……鄙人等当于该团来延安时，准备以陕北特产之小米饭、高粱酒接待诸参政同人，与之对雪举杯，畅论团结救国之大计，决不致慢待嘉宾也。"既然语气中已表露出对出此动机的高度警惕，此处"小米饭、高粱米"云云，当然是客套话的虚邀，"对雪举杯"就更属涉笔成趣的性质了。

后来一些同样有问题的人访问过延安，——大概是此一时彼一时，统战政策变了。颇有些人访问之后对中共刮目相看，与梁相熟的左舜生即对延安不无好感。梁若成行会怎样？我想即使不知"抢救运动"，不晓红太阳怎样升起，他的立场也不会变的。他对电文记忆、理解固然有误，但他之为不受欢迎的人，却是肯定的。

职务行为

我读本科时，教科书里的梁实秋还是个地道的反派角色，大的罪状有两条：一是和鲁迅作对，结果是弄了一顶"资本家乏走狗"的帽子戴着；一是抗战时的"与抗战无关论"，引起众人鸣鼓而攻，自在意料之中。梁实秋最不耐者，乃是当时的"抗战八股",这是很多左翼人士也声讨过的,何以梁实秋就说不得?柯灵多年后说了,——是因为梁给国民党的《中央日报》编副刊(被挑出来当作靶子的梁氏言论,即出自副刊的发刊词)。所以关键不是反"抗战八股"本身,是梁站错了队。当然梁早有前科,三十年代他以人性论对抗左翼的阶级论,梁子已然结下。对此梁耿耿于怀,就在那篇发刊词里他话里有话地道:"我的交游不广,所谓'文坛'我就根本不知其坐落何处,至于'文坛'上谁是盟主,谁是大将,我更是茫然。所以要想拉名家的稿子来给我撑场面,我未曾无此想,而实无此能力。"明眼人无待推敲便知他指的是左翼文坛。

已有学者令人信服地论证过了,批梁者不愤,很大程度上即是冲着这几句话而来。其时"中华文艺界抗敌者协会"成立已有大半年,那是统一战线式的组织,各派作家齐集名下,梁说不知所谓"文坛"在何处,岂不是无视"文协"的存在?——真正是说者无心,听者有意,分明跟左翼过不去,被当作了向"文协"的挑战。此所以一些并非左翼旗下的作家,比如张恨水也加入讨伐的行列。批判之举,实有表明拥护文协的姿态的意味。"文协"后来还以准"组织"决议的形式来了一纸声明,算是给一场批判做总结。

有意思的是,与梁实秋交情不错的老舍是"文协"的总务部主任,主持文协的实际工作,围攻梁氏画句号的文章就是他执的笔。文中那些程式化的话过目即忘,只还记得的是文中有"出语儇薄"的字样,这倒可能是许多人对梁的看法,即觉得他态度轻佻。老舍本人战前的创作曾被批为"油滑",

于梁式幽默自能理会得,大概事关抗战大局、舆论导向,他也觉得只可"庄",不能"谐"了吧?

在其位谋其政,老舍执笔声明中有"义正词严"意味的语句更多是职务行为,自不会影响到二人的交情。后来二人仍颇相得,在重庆为募捐还合作演出过相声,传为佳话。梁多年后有《相声记》记其事:"本想编一套新词儿,要与抗战有关,那时候有这么一股风气,什么都讲究抗战,在艺坛上而不捎带上一点儿抗战,有被驱逐出境的危险。"老舍说:"不,这玩艺儿可不是容易的,老词儿都是千锤百炼的,所谓雅俗共赏,您要是自己编,不够味儿。咱们还是挑两段旧的,只要说得好,陈旧也无妨。"——这回倒是老舍坚持"与抗战无关"了。

纸上相声

当年老舍与梁实秋在劳军募捐义演上搭档说相声,并不是他们二人自己组合,据梁的回忆,乃是一位"后台老板"相中二人,拉到一起。知名文人说相声,得未曾有,至少在梁是头一遭,"我们以为这事关抗战,义不容辞,于是就把这份差事答应了下来。"有对"与抗战无关论"的批判在前,我就总觉梁扯上"抗战",话里有话。若非"大义",梁氏就放不下身段说这"下里巴人"的玩意儿?

虽是偶一为之,逢场作戏,人家却也不是乱点鸳鸯谱,盖他们二人平夙就有点儿"贫嘴刮舌",相互说话就有点像说相声。"京片子"之善"贫",很多人都领教过的,其诙谐,其腔调,确是相声生长的土壤,两个京人到一块,京腔一来,很快就能将对方带起来,二人又都是善诙谐之人,自当如此。梁实秋称老舍一口京片子更地道,土音土语不折不扣,且长相、"扮相"更"囧",因之更是说相声的料,——虽有自谦之意,然想来是实情:老舍出身破落旗人家庭,少时过的就是下层市民的日子,对民间的各种玩意儿熟到如同己出;梁则是殷实商人的家境,读清华而后留美,大体是绅士的教育,虽是北京人,与民间艺术,终隔一层。排演时的细节,就见出二人各自的背景,比如老相声中常见的"你是谁的儿子……我是我爸爸的儿子"之类,梁觉得不雅,老舍坚持老百姓就喜欢这个;比如照规矩相声里说者拿在手里的大折扇到紧要头就要来么一下子,梁大概觉得头上被敲有辱斯文,要求只能虚着比划一下,老舍应允之余却强调这一下的万不可少,"可不能不有这么一手儿,否则煞不住。"

梁实秋嫌相声俗,他的《雅舍小品》倒不乏相声的味道。日常琐细,都正是相声的题材,相声的笑料常来自对世相的描摹,《雅舍小品》则是梁版的"世相杂谈"。其中的文字游戏,引经据典掉书袋,则可视为雅化的插科打诨。

说到雅俗,《雅舍小品》所写者,很能近俗,从题材决定论的角度说,他与三四十年代大多数新文学作家落笔的社会性书写相比,尤能见出其"俗"来。当然,是出诸雅士的笔墨,"雅谑"二字,用上去天造地设。若将梁的"行文出处"追溯到英式的随笔小品,则似乎雅得更有来头了,不过英国小品文兴于报业兴起之时，当时也就是面对读者大众的，说是其时大众文化兴起的一部分也不为过。梁写《雅舍小品》之前的身份是批评家、翻译家，这书是游戏之作，他或者就是当作纸上相声来写的，——其幽默风趣，诙谐百出，确也当得起"纸上相声"四字。

"四子"·"龙虎狗"·"四才子"

掌故之类，可以升格而据为"典要"，也可以仅仅是作为谈资。像"四大奇书"，起初也就是一种说法而已，现在就已是文学史的常识了。民国年间，关于清华学生中出人头地者，有种种说法，却是更地道的谈资。谈资不必推敲，不过推敲起来也有意思。

——"清华四子""龙虎狗"之说，还有"四才子"之名，都是。此类说法中，每将数人捏合到一处，理由不一，时段不一，范围不一，其间有重叠，"四子"与"四才子"俱为"四"数，也容易弄混。

"四子"是校一级的，指朱湘、饶孟侃、孙大雨、杨世恩。新文学初期，四人均以新诗名，都是闻一多等人发起的"清华文学社"的成员，后又都在新月派帐下。闻一多、梁实秋名气更大倒不在其列，或因辈分高些，梁又不以诗名。另有一说，是有段时间，四人曾租两间房住在一起，"四子"之名即成于此时。是则某种程度上，"四子"也是住出来的，相当之偶然。

说是"校级"，盖因清华原为留美预备学校，1925年设大学部，1928年成为"国立清华大学"后才有各院系之设，且诗人的名声更具"社会性"，以外视内，"清华"自成一单位。

后来的学生则有明确归属，而"龙虎狗三杰"的说法更多流行于校内，——是指外文系的三个高才生："龙"——钱锺书；"虎"——曹禺；"狗"——颜毓蘅。与"四子"命名的"现在进行时"不同，这说法有"追认"的性质，因照钱锺书的说法，"颜君英语很好，万君别擅才华，当时尚未露头角呢。"虽是并称，"龙、虎、狗"的区分却又明显分出了高下，所以有人据颜而推想钱、曹时才会说："'狗'尚如此，何况'龙虎'？！"我怀疑"龙虎狗"的说法多少和"北洋三杰龙虎狗"的说法有些关系，——在当时也是"去今未远"嘛。

文学家更易赢得社会上的名声，"四子""三杰"中之曹禺，未必是校内的佼佼者。"四才子"的名声则更多"内部"性质。当然人文学者比起理工人士又更易造出"佳话"：清华理工方面出的人才不在少数，中研院第一届院士中清华校友过半，大多为理工科，而从未闻有"X杰""X子"之说。"四才子"指文学院的高才生钱锺书、夏鼐、吴晗和张荫麟，日后清一色都是学者。文学家多无师自通，名声播扬于外，在校中多被学生称扬，做学问者则有师承关系，老师更识其才亦乐于称道，故"四才子"才是师生交相赞誉的人物。

倘以先后为序以为区分，"四子"不妨戏称"前四子"，"四才子"则为"后四子"。"后四子"更擅胜场，倒不是因为学者的名声更久远，实因前者是小诗人，后者都是大学者。

张荫麟"专打天下硬汉"

一

"数风流人物"而造出的佳话,凡并称者,多半有主角有配角,居于后者往往只是配衬,凑数而已。清华外文系"三杰"中之颜毓蘅,论名声、成就,远不能和钱锺书、曹禺相比,固在"龙虎狗"的排序中已见端倪,"四子"中的杨世恩则亦不能与朱湘、孙大雨等相提并论,——即使研究新诗者,恐怕也难举其诗篇了。

然凡事不可一概而论,"四才子"虽然也是八卦性质,四人中就没有一个弱的,学生时代即露圭角,日后则都是响当当的人物:钱锺书不必说;吴晗,史学名家;夏鼐,考古方面的权威。只有张荫麟英年早逝,未能尽展其才,然半部《中国史纲》已成经典,而当日的才名似更在吴、夏之上。张殁后,钱锺书作《伤张荫麟》,有自注云:"吴雨僧师招饭于藤影荷声之馆,始与君晤,余赋诗有'同门堂陛让先登,北秀南能忝并称'之语。"可知当时另有将张、钱二人并称的说法,较之"四才子"说可能是小范围流传(因今人称引,尽出于钱诗),以南宗北宗大师喻二人,其推许更是不同寻常。钱锺书在书信等私人语境中固不乏有应酬之语,公开发为文章与诗,一向持论苛言,《伤张荫麟》一诗则流露出惺惺相惜之意,若当年赋诗有酬酢成分,多年后重提"忝并称"之句,则说明他之乐于接受这样的并称。

张荫麟与钱一样,也是心高气傲之人。与他交情颇深的吴晗说他"批评人指斥人,毫不客气。他不喜欢交际应酬,更不会敷衍客套。朋友相处一熟,他总是忘形迹无拘束。辩论起来,更决不相让"。我们无缘领略他当面锣对面鼓的论辩,却可从他二十年代的书评中领教他"毫不客气"的犀利。钱锺书有言,二十不狂是没志气,三十犹狂是没头脑(大意)。张荫麟书评的气盛言宜,正见出他的"志气"。其与钱锺书年轻时代书评相通处有二,一是词锋凌厉,不稍假借,二是并非柿子拣软的捏,——正相反,端的是"专打天下硬汉"。钱初出茅庐即挑周作人等大人物的错,张荫麟"打击面"更大,冰心、苏雪林等辈犹其小焉者,张东荪、郭沫若、冯友兰、顾颉刚、胡适、梁启超等人均是他指谬纠错的对象。而且他不是盯着大人物偶然之失的小疵(他考据功夫了得,有一系列的论文可证,考据方面的错误也最易一挑一个准,然其评论予人印象深刻处却不在此,对枝节性的错误攻其一点不及其余以显能耐,更为他所不屑),若谓之"逞能",则他的"逞能"必在大处落墨:有所攻均是往方法论、概念之类的要害处招呼,往往令对手难以招架。

二

张荫麟四面出击,所评论者覆盖文、史、哲三界多个领域,当真有"遇神杀神,遇佛杀佛"的味道。初试啼声,他就拿梁启超开刀,在《学衡》上发表的《老子生后孔子百余年之说质疑》一文,就梁启超断《老子》在孟子之后的六条证据,逐条批驳,时年十八岁。他批顾颉刚为首的古史辨派,指其误用"默证"且直斥其疑古文章近乎策论家之罔顾事实、但为我用:"吾人非谓古不可疑,就研究之历程言,一切学问皆当以疑始,更何有于古?然若不广求证据而擅下断案,立一臆说,凡不与吾说合者则皆伪之,此与旧日策论家之好作翻案文章,其何以异?而今日之言疑古者大率类此。"胡适的《白话文学史》名动一时,他指其定义混乱,主观武断。郑振铎的文学研究更不在话下,在《评〈小说月报〉中国文学研究专号》一文中,他对郑提出的"新途径"颇多讥诮,指其了无新意可言,"反有令人喷饭之处"。关于冯友兰的《新对话》,他托戴东原之名指陈作者对朱熹的理解所据有误,且说冯的概念含混不清。……

张荫麟不是钱锺书式的幽默家,不过辞锋锐利之外,也时或令人莞尔。比如评郭沫若译《浮士德》,他说"郭君在近今白话文学作家中,文字尚为明晰可解者"(此语看似肯定,实则将"近今白话文学作家"之文风一笔扫倒),话锋一转,即对译者自诩的"尽善之努力"大加挖苦:"此种不苟之精神,吾人甚乐为表彰。然据后序中所自述,郭君之成此书,不过初译费时一暑假,改译'仅仅只有十天'。倚马可待,固足自豪,然观其译本中谬误之多,吾人毋宁劝郭君不必如此匆匆。人生虽促,然不宜在此等处省时间也。"对冰心等女作家,亦是挖苦到家,他干脆把文坛的捧女作家拟为袁枚辈搜罗女弟子以自娱的行为,而对《真善美》杂志上的女才子之文,直斥为"毫无艺术意味之 Sentimental Rubbish","以充国文课卷,至多不过值七十分左右"。

如此"毒舌",如此"恶攻",并未招来任何打压:张一无以酷评"逆袭"之意,被攻者也未见有人指其以骂名人搏出位,做"黑驹"之类的诛心之论。这就见出彼时的争鸣氛围。学界大佬们的气度则更令人怀想,梁启超被挑眼后反对张的才华大加赞扬,冯友兰对张的挑战、揶揄亦不以为忤,放下师辈的身段与张有来有往地讨论。——求之于今日,岂可得乎?

"任公第二"

"四才子""北秀南能"之外,对张荫麟的赞誉中还有一项,——"任公第二"。"四才子""北秀南能"都是与同辈并誉,"任公第二"则是拟于前辈,而且梁的地位、声望远非他人可比,也就更见对张的推许。吴宓在张荫麟殁后二日从吴晗处得知消息,当天日记中写道:"宓素以荫麟为第二梁任公……未卒业而殂逝,亦与任公同。"张的好友贺麟在悼念文章中将他与梁启超联系起来("哪知这位在学生时代质问梁任公批评梁任公的荫麟,后来会成为承继梁任公学术志业的传人")。吴宓既"素以"任公第二相许,又从不吝在人前(包括晚辈)对己悦服之人予以最高的表彰(比如尝对人言,论学问气象,同辈中当推陈寅恪,下一辈中当推钱锺书,"你我之辈,不过尔尔"),此说当是他倡于前,清华师生从于后。

虽然无人给出理由,但当然的,将张荫麟与梁启超相比,是因为二人相似的"学术志业"。梁启超退出政坛后转向学术,其抱负是建立"新史学",张荫麟留学美国学的虽是哲学,其志向却是治中国史,二人尽管从观念到方法均有不同,但均不屑于考据,要抛弃旧史学另辟出一条新路则一,从这个角度说,张学哲学,涉猎社会科学的方法,正是在寻找建设"新史学"的工具。而张的半部《中国史纲》,就其颇多现实关怀与宏阔的视野而言,与任公亦复相通,宏观地看,不妨视为任公"新史学"主张的践行。

另一方面,梁启超以能文著称,张荫麟也甚注重文章的经营字句的锤炼。贺麟说他的古文"没有章太炎的晦涩,没有梁任公的堆砌,没有章士钊的生硬"当然有恭维的成分,说他要求追求朴素的学术文字"又要保持一些文学风味"则是他为文与很多学人的不同处。梁氏文章的特点,一是"气盛言宜",一是明白畅晓,即使学术著作,读来也令人神旺,张荫麟的文章亦如此,他的时评、书评固有梁氏报章体的凌厉之气,《中国史纲》流畅可诵,又何尝不是"笔锋常带感情"之作?甚至还可以说,虽然不可能成为任公那样"登高一呼,应者云集"的人物,他也是对现实充满关怀,时有扮演"公知"角色的冲动的人,——他为数不少的时评可以为证。

他病重时贺麟去看他,他戏言病与任公相同,却轻得多。虽是戏言,却多少见出他也以任公自期自许,梁去世后他的一篇《史学家的梁任公先生》,议论纵横,是盖棺论定,也是对其后继者身份的当仁不让。

有意思的是,吴宓虽很可能是"任公第二"的发明者,对张荫麟追随任公"新史学"最有野心的尝试却颇有微词,日记中说,"惜其晚岁《中国史纲》之作,创为新体,未免误入歧途。"——亦可怪也。

师生办刊

一

民国年间，文人学者办刊很热闹，二三十年代，同仁杂志诚然是层出不穷，商业性的报纸、副刊之类，也经常委之文人学者。编者不是报馆中人，客卿的性质，虽然偶有干预，大体上对后者还是相当尊重，此外经济上也由主持者负责。比如《大公报》的文艺副刊，吴宓声明是不受酬的，事实上则报馆每期有二百元的经费，如何分配稿费编辑费之类，全看吴宓，报馆概不过问。

《大公报》文艺副刊影响颇大，不过要到沈从文接编之后，其影响才及于普通读者，吴宓主持的时代则更重学术而非文艺，这当然与编者的身份、趣味有关。吴宓虽然在学者中比较另类，喜吟诗作赋，而平生抱负似乎是要写一部小说，然他交游者，多是学界中人，另一方面，他是反对白话文的，他的地盘上还用着文言，当然行之不远。

一个人太忙，以他的身份（名教授，清华国学研究院的招集人），他也不可能像毛头小伙子的孙伏园办《晨报》副刊那样，拳打脚踢，诸事一人包办。从一开始他就找了几个助手，像是一个编辑部。这里面出力最多的是两位，一是浦江清，一是张荫麟，后者是吴最称道的学生，吴的翻译课没几个人上，张是少数几个出现在课堂里的人之一，后者则初进清华时，也是经吴宓引荐，入研究院国学门，给陈寅恪教授当助教的，总之也是学生辈。这样的人员构成，副刊有较浓厚的学院气息，当不意外。同时我们不妨说，他们是师生办刊。

当年北大有《新青年》和《新潮》，前者属教师，后者为学生刊物，虽然老师的文章会出现在《新潮》上，傅斯年、罗家伦、俞平伯、汪敬熙等人也频频见于《新青年》，但编辑部成员还是师生有别，各在自家的地盘，周作人被邀加入新潮社，也只是顾问而已。吴宓与张、浦诸人则真正是师生的"混搭"。

照说辈分不同，自然就主次分明，吴宓拍拍板，主持方针大计，张、浦协助，写写文章，做做具体事务性的杂事，——师有命、有事，"弟子服其劳"，仿佛也是该的。然而吴宓是不大会端师长架子的人，对欣赏的学生更是如此，像如今日不少研究生导师那般，役使学生如马仔，也不是当年校中的风气，更非吴宓所能为。偏偏学生不是"善与之辈"，——我是说，都有自己的主张，而且还颇强势。当弱势的老师遇到强势的学生，情形就变了，副刊虽仍是吴宓出面，却有师生共办的性质，至少不是"弟子服其劳"那么简单。

二

人与人之间，走得近了，难免牙齿打架，所谓"龃龉"者，便是上下牙对不上，意见不合。师生之间，亦所难免。倘不是因为师生在一起办刊，吴宓与浦江清、张荫麟之间，肯定不会有那些琐屑的不愉快。吴拉来助编副刊的还有赵万里、王庸，他们的介入大概没有那么深，至少从吴宓的日记看，与二人之间就没什么矛盾。反观吴与浦、张之间，时有摩擦，浦江清在日记中固然有不少抱怨，而吴宓仿佛更纠结，很有"苦大仇深"的味道。吴宓拔识后辈的佳话听得多了，我们不能据此便怀疑其真实性，事实上待事过之后，能做持平之论了，态度也会改变，比如浦江清当时对吴宓派给他每周写千数百字的评论颇有烦言，后来则对人说过，那于他实在是很好的锻炼。不过身当其事的"正在进行时"，则唯有抱怨。任何较密切的关系，恐怕多少都有所谓"不足为外人道"者，外人不以为意的琐事，个中人也许耿耿于怀，"恩恩怨怨"，往往如此。

吴宓对浦、张二人，常觉不能指挥如意。吴当然是希望他们参与意见的，否则许多事就不会与之商量。反过来，像张荫麟这样的头角峥嵘的人，你要让他跑龙套，他也未必肯。遇意见不合，毕竟吴是师辈，不能不从，然而"到底意难平"，于是便有浦江清在日记中的发泄。比如为文章署名与否的问题，浦是希望各自署名的，吴偏不肯："与吴先生争《文学副刊》署名不署名的问题。先生成见甚深，全不采纳他人意见，视吾侪如雇工，以金钱叫人做不愿意做之文章，发违心之言论。不幸而余在清华为吴先生所引荐，否则曷为帮他做文章耶。"视吾侪如雇工"云云，话说得颇重，足见怨气之大。

而吴宓亦常觉自己在委曲求全，因他时不时得干一些擦屁股的事，且浦、张等似乎经常要做他的主，他有时也就违心依了他们。关涉方针大计的，有一桩是副刊是否采用白话，登不登新文学作品。二事一而二，二而一，吴宓作为"文学革命"的反对派，一直坚持副刊用文言，这时助编的几个人都建议顺应潮流，"均主张加入语体文及新文学，并请朱自清为社员。宓病后百事消极，但求此事可以敷衍，宓能少节劳，亦佳。决即放弃一切主张……"他的"放弃"并非仅仅因为浦、张等人的建议，然而几个人众口一词地要求，在他看来，恐怕也有点逼宫的意味。

三

给白话文开绿灯，请朱自清加盟，身边的几个人力主之外，也是大势所趋，不得不尔，吴宓的怨气中还夹杂着对《学衡》诸人的不满，且吴宓的让步也和追求毛彦文受挫、身体不佳造成的心灰意懒有关。在署名、用稿、稿酬分配等问题上，吴宓的怨气则集中在浦江清、张荫麟二人身上。

经济上问题不大，双方都不是计较的人。吴宓称得上大方，《大公报》每月给的二百大洋包括邮费、稿费、编辑费都在内的，由吴全权支配，他允诺浦江清、张荫麟、赵万里每人四十大洋，后报社方面因故将经费降之一百五十，他亦未降低标准，而以自家得自《国闻周报》的稿酬填补窟窿，虽然"宓劳苦独甚，得酬未必比例适均"，然"亦不计较"，"但望诸君之始终匡助耳"。

浦、张等是尽了"匡助"之责的，副刊文字大多就是这几人包办，仅此一点也可见出其付出了。然而他们的"匡助"未必如吴宓希望的那样，比如张少年气盛，写文章批评人常不留情面，吴谨小慎微，总怕得罪人，好几次毙了张的文章，这当然令张不快，而从吴宓这一面去说，则是张给他惹是生非。张与朱希祖论战、嘲讽冰心等女作家，均属此类。浦江清当然是站在张一边的，吴宓一度南游，编务委托浦江清，后者明知吴若在必不肯发，也还是将《所谓中国女作家》登出来。浦在日记中说："文并不佳，但此种文字较有生气，适宜于副刊。"同时说："倘吴先生在，则此文定不能登载，以挖苦人太甚也。"可见学生这一面都注重"生气"，而对"副刊"的特性的认识与吴大有距离。

吴宓对浦、张的气恼尚不止此。关键是二人固执己见，不听他的。比如张有译诗《幸福女郎》交副刊发表，吴为其改动过后又交夫人抄好已发稿了，张荫麟又两次登门坚请仍按原译发表，浦江清撰有论陈寅恪的文章，吴曾嘱其尊重陈寅恪之意，去掉陈寅恪署名前"义宁"二字，浦终不从。凡此均见出二人对吴的不以为然。更有甚者，有时他们还会挑他文章的毛病，要求搁置而用自己的文章。吴为得其"匡助",也就顺从其意。让步之后,便是大生闷气,在日记中颇多发泄,甚至将过去办《学衡》的不快也牵出来:"如宓编辑《学衡》,即久受胡先骕等人之欺侮,今又受张荫麟之挟持……"为张、浦的不听招呼纠结,"痛苦乃不能以言喻",他甚至想停办《文学副刊》,"以免我一身受如此之痛苦,而与己与人两无所益也"。

有时想想他们的强项,他又很是不忿:"实则宓包办《副刊》,出钱买文,彼等何能置词?"浦江清在日记中曾有"视吾侪如雇工"的怨愤语,"出钱买文"云云倒是将那话坐实了。——当然,吴宓那是一时的气话。

吴雨僧自摆乌龙

吴宓是《学衡》中坚人物，胡适是倡言西化的健将，二人之不投机，可想而知。——岂止是不投机？整个就是对头。这就难怪吴在自己主持的《大公报》文学副刊上看到《胡适评注词选》以四号字大字排出，大是不爽。报纸文章，内容部分都是用五号字，用四号字乃是"开此前所无之例"。恼怒之余，吴宓在日记中推测："（此举）谅系馆中人欲藉名流以自重之意。"接下去便是一通发泄："以宓之辛苦劳瘁，而所经营之《文学副刊》乃献媚于胡适，令不使识破者齿冷？以是宓愧愤异常，即作长函，致张季鸾，责问之。谓若馆中以捧胡适为正事，宓即请辞职。"张季鸾时为《大公报》总主笔，与吴有乡谊，后者掌《文学副刊》，就是向张毛遂自荐而来，张既主《大公报》事，兴师问罪，也算是冤有头，债有主。但是日记中提到的这封信并未寄出，一通发泄之后，寄出之前，他又觉态度过于激烈，没准伤了二人交情，遂"抑置未发"，另作短笺，"严嘱其以后非经宓诺，不得擅改字体大小云云"。

过了几日，得到张季鸾的复函，随复函还附示了原稿。吴宓看罢原稿大窘，因其上有他本人亲以红笔批明，《胡适评注词选》以四号字排印。这真是一个大乌龙：错怪张季鸾不奇，将自家决定忘得干干净净，兴师问罪之际浑然不觉，却是大奇。自然地，吴宓在日记中转入自责，且大发感慨："宓一时荒唐，自家错误，而妄以责人；且牵引大题目，几伤感情（幸长函未发）。可见人间几多误会，悉出不经意之故。今兹愧悔之馀，当切戒之。且当收心敛志，毋再荒疏若此。慎之勉之。"

我觉得上纲上线到"人间几多误会"，未免无的放矢，大而无当，——毕竟这样的乌龙根本不具普遍性。倒是有一"大题目"，他未尝追究：即给胡适特殊待遇的朱批，何以会出自他手。显然，是疏忽。或隐或显，报纸借名人相号召，原亦常情，吴宓既在办刊，恐亦不能免俗，起初漫不经心，将胡适作一般名人看了，也便循例处理，即至样报拿来，大字排出者异常醒目，这才回过神来，意识到胡适的"存在"，盖胡固为名人，首先却是敌人。他一下将此事上升到尊严的高度却不难理解，因胡适已然代表着"政治正确"，他这样的"反对派"更宜严阵以待，如刊发其文章是开明是礼貌的话，追着捧他就性质大变，近于卑躬屈膝了。

但仍有一点说不通：照他拟想中对张季鸾的指斥，四号字排印是"开此前未有之例"，按说应该于加批之文特别留意，他却对"胡适"二字视若无睹，这是什么样的"情意错综"？

燕卜荪是谁?

一

所谓"隔行如隔山",是说不是本行的人,便不知那行业里的门道。照"内行看门道,外行看热闹"的说法,"门道"是内里的东西,其实对一些小众的圈子,外行不要说是"门道",连"热闹"也没得看。比如,在某个人群中如雷贯耳的名字,圈外人可能一无所知。燕卜荪可能算不得神一级的人物,但在西南联大无人不知,亦不乏崇拜者,对现代诗及新批评理论感兴趣的人提起来更是肃然起敬,但对圈外人而言,若是说到他,第一反应也许是:燕卜荪?什么人?

有一种回答最省事,不过等于什么也没说——就是William Empson。燕卜荪是中文的音译,说他是英国著名的文论家,"新批评"的重要人物,也还是模糊。但是说他在西南联大、北大教过书,是来华任教的最大牌的洋教授之一,感觉上离我们就近得多了。民国年间高校里洋人不少,像常出现在回忆录中的温德、马约翰等人,仿佛已是学校的一部分了。但多为寻常之辈,与今天的情形一样,倘能在本国谋得教职,大概不会千里迢迢跑到对他们而言仿佛尚在中世纪的中国来。赛珍珠当年在南京接待朋友,还因没有电灯而微感不安,生活条件差距之大,也就可以想见一二。燕卜荪的老师瑞恰慈来华时已是名教授,当然是大牌,但他在清华待的时间不长,抗战爆发他就回国了,燕卜荪两度来中国任教,1937 至 1939 年在西南联大,1947 年起在北大,直到 1952 年,已是清理门户的形势了,方才回到英国。

燕卜荪的名字我是读本科时就知道的,但也就是个名字而已。直到好多年后,本专业有个博士生以燕卜荪做博士论文,因要参加答辩,才把他的名著《含混七型》找来恶补。一下也没全读懂,只觉胜意纷陈,辨析精微。让人惊讶的是,这书是他学生时代写的,算来也就二十几岁。美国文学批评家兰色姆在学界要算大牛了,他曾有言,"没有一个批评家读过此书后还能依然故我"。还有一种说法更夸张,称西方的文学批评应以燕卜荪划界,分为"前燕卜荪时期"与"后燕卜荪时期"。假如还想给他添几分传奇色彩的话,就当提到他在剑桥时,数学成绩曾名列第一,他之转向文学令数学教授大为惋惜。

他来中国任教时三十几岁,还不像后来那么有名,不过就凭《含混七型》,说他是大牌当不为过。只是有文章说他放弃剑桥讲席不远万里来中国云云,不免有些想当然。事实上他最初到来东方,是因为他在英国混不下去了:剑桥当局因校工在他的抽屉里发现了避孕套,取消了他继续深造的奖学金(系因导师瑞恰慈推荐)。虽说多年以后,剑桥大学因他的成就授予他名誉博士学位,英国女王还封了他爵士头衔。

二

事过境迁，避孕套在燕卜荪获荣誉博士学位的七十年代早已不是问题，但当时很严重。燕卜荪遂听了瑞恰慈之劝，远赴东方。他在东方的第一站是日本，1931至1934年他在东京帝国大学教书。聘期结束回到英国，过了几年自由撰稿人的生活。倘说到日本有避风头之意，那1937年来中国教书就应看作是他主动地选择了。事实上回国的第二年（1935年）他就有了念头，这一年吴宓访牛津时，他即登门拜访，表露往中国教书之意。1937年他得到北大的聘书，然他来到中国时，北平已被日本人占领，北大南迁，与清华、南开合为西南联大，故接下去就是他在西南联大的故事了。

日本人来势凶猛，呈鲸吞之势，中国的大学实在是前途未卜，在华的洋教授选择离开战乱之地，也属人之常情。燕卜荪的老师瑞恰慈其时正在清华，就去了美国，并且劝他也走。他却留了下来，据说对老师的离去还颇有微词。燕卜荪不是个唱高调的人，"和中国人民站在一起"之类的话是不会有的，对他而言，作为一个绅士，那是责任和义务，假如还需另外的理由，他宁可说他乐于和联大师生在一起。他的确说过，联大师生的学术素养是他不舍中国的重要原因。他的许多同事都是中国学界的一流人物，是那些在教师食堂同桌吃饭的同事的高素质让他留下，而联大的学生他认为更在欧美学生之上，好学生放在欧美大学里就是最好的。

有这样的学术环境，能够得天才英才而育之，艰苦的生活条件也是可以忍受得了，——尽管他后来将在中国的两年概括为"原始生活，跳蚤和炸弹"。他经历了联大最艰苦的时期，在湖南南岳山村的临时大学和迁至昆明的最初阶段。这位洋教授并未享受特殊待遇，在南岳时他和金岳霖同住一室，也和叶公超做过室友，初到昆明时宿舍不够分，他和十多人同住一间，床铺就是一块黑板。

然而就像他的同事一样，这段艰苦的岁月倒是他创造力旺盛的时期。很多关于西南联大的文章都叙及联大人在艰难环境中卓绝的工作，若将燕卜荪视为联大人的话，就该补上他此时的成果。在南岳山村的茅屋里，冯友兰完成了他的《新理学》，金岳霖写出了《原道》，汤用彤写出了《中国佛教史》。燕卜荪作为诗人，写下了《南岳之秋》，作为学者，开始了据称为他"最伟大著作"的《复杂词的结构》的撰写，此外他的哲理小说《王家畜牲》也是在此时完成。

联大两年，加上后来在北大的五年，注定是燕卜荪难忘的岁月，他的权威传记，副题居然是"在中国人中间"，——传记的作者当然也是体他之意，虽然相对于他的一生，他在中国的时日只是一个小段落。

三

虽然著术颇丰，身在学校，教书育人才是燕卜荪的正业。他在中国的影响，最直接者，也是通过他的学生体现出来。

他在联大教英语,同时教英国文学的专门课程,特别是英诗,日后中国最重要的现代主义诗人,还有英语教学、研究方面的顶尖人物,举凡穆旦、袁可嘉、王佐良、许国璋、杨周翰等,皆曾从他受教。说到现代主义诗歌在中国的传播,燕卜荪尤其值得一书,倒不是因其他洋教授不大讲这个,而在于他本人就是其中的一分子,奥登等予穆旦以深刻影响的诗人与他都是哥们关系,这令他的课与学院派教授颇为不同,而有现身说法的意味,现代主义诗歌由此生动起来,不再是一个传说。

学生记忆中的"燕师"天分极高,记忆力极强。广为传布的一个佳话是,临时大学在南岳时连基本的教学条件也不具备,学生全无教材可用,燕卜荪凭着记忆,将全本《奥赛罗》(一说《哈姆雷特》)在打字机上打出来,供授课之用。燕卜荪显然对神话不感兴趣,他后来自毁形象说,那是误传,事实是他手边恰有一本莎士比亚戏剧集,而能够背诵古典名篇也算不了什么,他的同事哪个不能大段大段背诵中国古诗文?然而学生心目中的"燕师"简直神了,虽然他似乎有几分羞涩,上课居然不大敢看人。平日他则又有几分放诞的味道,主要见于饮酒,不是斯斯文文地饮,是经常喝醉,有次醉后将眼镜放鞋里,醒来将一镜片踩得稀烂,而他便戴着只有一个镜片的眼镜去上课。酒后高谈阔论,与学生衡艺论文,也是常事。这些地方,可说是他几年前在伦敦波西米亚式生活的余绪。

但这一点不妨碍他是一个好老师。他在西南联大的课是大热门,据说他与闻一多、冯友兰、吴宓的课,每每上演课前学生争抢座位的趣剧。至于是不是因为讲课生动,却不好说。1947年后他在北大任教,一位1949年后听过他课的学生回忆,他讲课的方式是把讲的内容全写在黑板上,上课时拿着一整盒粉笔进来,而后就是快速地板书,写完一段稍做停留,擦去后接着往下写,令学生抄之不暇。有人希望他多些口头讲授,他称自己说话太快。据说这种授课方式在日本教书时即已形成,因日本学生听力跟不上。果真如此,他在联大授课,当亦相去不远。

形成对照的是,联大时他的教室人满为患,1950至1951年他在北大讲授英国现代诗歌,只有三人选他的课,难懂是一因,有没有意识形态的因素却不好说。而1952年他就回国了,其时中国高等学校的所谓"院系调整",正在轰轰烈烈地展开。

乾坤大挪移

1952年所谓"院系调整"给中国高等教育造成的影响，很多人都说过了。那一次的重新洗牌不仅是一场学校的关停并转，人员上的大规模调动，也是校园地理上的大变迁，比为一场乾坤大挪移，也不为过。

几年前哈金的《南京安魂曲》中译本面世，那是写南京大屠杀的，里面出现了"南京大学"，让我很感诧异，因为彼时只有中央大学。但是照书里的描写，从地理位置上看，却又不像。后来才明白，所写乃是金陵大学，金大的前身汇文书院英文名为NANKING UNIVERSITY，升格为大学后称UNIVERSITY OF NANKING，译者照字面译，就成了这样。译者当然不会想到金陵大学，不仅因为字面的差异，更因这所学校早已消失了半个多世纪了，——地盘、校舍却还在，成了现在的南京大学鼓楼校区。

"院系调整"最明显的一个结果，是民国年间兴办的一所所私立大学、教会大学的消失，"实"既不存，"名"亦消亡。过去被打垮了的部队，只要番号还在，便还有一线生机，时机一到，当可招兵买马，重举旗帜。这些学校的结局，则与取消番号无异。但其地盘、校舍好比缴获物资,当然还可利用。关于遗产继承,我们熟知的一句话是"不要将澡盆里的孩子与洗澡水一起倒掉",比起那些思想成问题的教职人员来,现成的校园显然是可以最方便地继承的部分。于是便有了一场各校之间的大搬家。最著名的莫过于原在沙滩的北大搬到了原先的燕京大学,未名湖、题着毛体校名的西门,还有那些古色古香的建筑,早已和北大联在一起了,外人不晓,那却是燕京的旧迹。现今北京师范大学的校园,原是辅仁大学的所在;上海的华东师范大学,原本是私立大夏大学的地盘;华东政法学院所在地,则是颇有名气的圣约翰大学……这张单子还可开下去,江山易帜,校园易主,人面不知何处去,湘江旧迹已模糊,多少年后的学生已无从追溯,从历史的角度说,也可说是不知身在何处了。

我1978年进南京大学读书,好歹知道南大前身是中央大学,却是好多年后方知进出的校园,原是金陵大学旧址。我们认祖归宗,自承中央大学的后继,中大的校园呢?却成了南京工学院(今日的东南大学)。好多年前李欧梵先生来南大讲学,他父亲曾在中央大学音乐系任教,想寻访旧迹,我这个向导问了半天才闹明白那个叫作"梅庵"的琴房在南工校园内,而南工并无音乐系,中大那拨人马已是并入南京师范大学了。南京师大占据的,则又是金陵女子学院的校址。这一场大挪移,你也不好说是鹊巢鸠占,——全国上下一盘棋,区区校园,何足道哉?

蒋公的面子

一

讨一回巧，用学生的剧名作篇名。

——我服役的那所学校有个艺术硕士剧团，这几天在演一出戏，叫《蒋公的面子》。此处"蒋公"是蒋介石，——当然，是民国年间的事。学校前身是国立中央大学，不知算是有面子还是没面子，反正蒋总统抗战期间以领袖之尊，当过一年多的中大校长。

民国年间的大学校长，说好当固是好当，因为要处理打点的"方方面面"的事，远比现在少得多；要说难当，也的确是难当，只说一条，来自学生方面的要求，就颇难应付。国立大学的校长固然是教育部任命，但若难孚众望，位子就坐不稳，学校的风潮，也往往是以换校长告终，光把上面哄好了不管用。顾孟余什么原因去的职，却不好说。此公是蒋公的前任，校长的交椅上不过坐了两年时间，即辞职不干。据说某次蒋公招在重庆各大学的校长训话，其他校长恭而敬之去聆教，唯顾孟余仅派了训导长周鸿经出席，蒋大为不满，指桑骂槐一顿斥责，顾知悉此事，怒以辞职相抗。另一种说法，是原做过部长以上特任官的顾公对中大校长为简任官颇难接受，有此一事，正可挂冠而去。

二说何者靠谱，暂且不辨，只说学校师生听到的是前说，且国民党中统势力欲渗透进中大，早有传闻，而顾孟余出掌中大时即宣布"学术思想自由，一切党派退出学校"，颇得师生拥护。于是校园内掀起了一场"挽留校长风波"。由学生自治会发起，全体学生集体罢课，徒步往歌乐山林园，向时任国民政府主席的林森请愿，要求挽留顾校长，拒绝政府另派新校长。此事我听亲历者说过：学生究竟对顾孟余有多少好感，其实难说，但他们认定顾是个读书人，倘派来一个有CC背景的，学校党化教育的味道就要浓重起来，是可忍，孰不可忍？故他们呼喊的口号是，"教授治校，学术自由，党派退出学校"。

这场风波，动静不小，以至蒋公两次亲自上门慰留，无奈顾去意已决，中大校长的位子，遂成烫手山芋；反对声中，如坐火山口上，谁能压得住阵？这才有了蒋公以委员长身份亲任校长的"非常道"之举。

事情到这一步，已然数数牵涉到蒋公的面子问题。比如顾孟余拒不赴蒋公之会，只派手下去应卯，就已让蒋公很没面子；其后因指桑骂槐最终导出学生闹事，又不得不顺应民意上门慰留，固然是做做姿态，十有八九关起门来还要大骂几声"娘希匹"，但是当然的，此举也不是什么有面子的事。

不过《蒋公的面子》所说的"面子"，还不是这个。

二

《蒋公的面子》写的是蒋校长履新的事。确切地说,是他履新之际发生的事,因为整出戏里"蒋公"是缺席的,始终没露面,甚至也没有关于他的间接的消息。再其实,也没发生什么"事":过年,上任之初的老蒋要跟教授套近乎,下贴子请中文系几位名流吃饭,三位教授为赴宴与否争得不可开交,最后嘛,还是去了。就这些。——与其说关乎"蒋公",不如说关乎教授。

一位当年在中大借读的老先生对我说过,学生对蒋任校长态度不一,不过换校长风波大体就此平息,学生会主席在礼堂宣布这事儿时,学生反应大体平静,是一种较为漠然的接受。这漠然在我看来有点不可思议。我是以今视昨,揆情度理:一国之尊来当校长,岂不是天大的面子?按级别算,现今大陆一流大学的校长是省部级,民国时的校长级别或者还要高些,但以一国之尊兼掌学校,那可是国家级呀。何种级别的人任校长常常透露出对某校的重视程度,因校长级别高学校得益也是顺理成章之事,党和国家领导人出任校长,那是什么概念?只来视察一趟也就该欢欣鼓舞了吧?当年的学生居然反应淡漠。当然,学生要是因为政治立场的缘故不待见老蒋,那又另当别论。

但这是把话扯远了,——戏里说的是教授,并非学生。只是教授们倘因"蒋公"赏饭受宠若惊,学生们恐怕也不会对此事视若寻常。若可以戏中三教授的态度为判,则中大教授对"蒋公"任校长似乎颇不以为然。期期以为不可者,乃是"蒋公"的资格成问题:在反蒋的时任道看来,让独裁者掌校,那是奇耻大辱;在名士派的夏小山看来,蒋一无学术背景,当军校校长可以,当中大校长,不配;同情当局的卞从周倒是持赞成态度,然而迫于校中舆论,在蒋的资格问题上也不能不有所保留。去掉一个最高分,去掉一个最低分,时任道也许最能反映"舆情"。

既然让一个不够格的人来掌校是件令教授们面上无光的事,——此前的历任校长可都是学界中人,又有学术声望的——,去不去赴蒋公的饭局就成为一个问题,去则等于认可接受了"蒋校长",若不去,以卞从周的话说,则置"蒋公的面子"于何地?三人颠来倒去的争执中,有一点到最后已成共识:去吃这顿饭,于他们是件没面子的事。剧情的发展由此展开了喜剧性的一面。热衷美食的夏小山听说席上有道久已向往的美味食指大动,声称以委员长名义发贴子,便去,以校长名义,则坚决不去;时任道态度最是激烈,自己是坚不赴宴的,不过倒又希望别人去,因他有一批珍本书在桂林,战乱之中,眼看就要失散,却不能运到重庆,若能在席间递话,蒋公一句话,还不是统统搞定?

去,还是不去?包袱我已提前抖过了。根据上述剧情,我以为该剧实在应该叫作"教授的面子"。

三

《蒋公的面子》的"本事",乃是一个传说。这传说在学校里流传播广,不仅中文系,其他院系的人也有耳闻。我是早就听说过的:蒋介石招宴,受邀诸公因对蒋任校长不以为然,颇不乐意,最后某教授说了一句:"就给老蒋一个面子吧。"就去了。看戏之后我动了好奇之心,想知道"真相"究竟如何,问来问去,说法不一,比较可信的说法,是并无其事,——剧中的夏小山、卞从周一望而知是以胡小石、陈中凡二先生为原型,而陈先生其时在金女大任教,根本不在中大。然而虽然"查无实据",却是"事出有因",这样的事情完全可能发生,那句"给面子"的话也像极了中文系老先生的口吻。而且,此事虽多半为虚,另一事却千真万确:某年蒋介石过寿,有人请胡小石写几个字祝寿,胡就没给面子。倘说种种美丽传说也该视为一所学校精神传统的一部分,那该剧海报上标出的"校史剧"的名目,就不能算是玩噱头。

捕风捉影的段子得以流传,且成为美谈,反映的人们心中的一种愿望,——当年的教授们赏老蒋面子的云淡风轻如同一个潇洒的手势,其中有读书人的清高自赏,也有民间对于读书人的欣羡与期许。重点端在云淡风轻的身姿,去与不去倒不在话下,就像"天子呼来不上船"的李白,民间传说中只道"力士脱靴",不会有人煞风景,去追究诗人曾经有过的攀附之举。无他,人们希望有这样与权势者分庭抗礼的一些人存在。如此说来,《蒋公的面子》一剧多少有点煞风景,因其内容没有放大、定格在那潇洒的姿态上，二位原先拒不赴宴的教授一以美食、一以书籍，最后都应招了。这结局多少使得先前大动干戈的一番争执降格为一场"精致的淘气"（借《红楼梦》中贾政语），其中不无反讽之意。但是当然的，剧作者对剧中人物更多的还是欣赏，我也无意将其拔高为对知识分子灵魂的拷问，——至多含着些对读书人爱面子习性的调侃罢了。

此种调侃也是民间原本就有的，所谓"脱不下长衫"，所谓"酸腐"，都与此有关。只是看罢此剧想到的是，当今之世，恐怕这样的调侃已经显得有几分奢侈或文不对题：至少要存在着要面子的人，才有那样的调侃，倘读书人没有面子意识，已然并里子也不要了，那么，何须调侃？"面子"是与"里子"相对的概念，爱面子也许只是爱惜羽毛，不关内里，但我也相信，连面子也不要的人，恐怕"里子"很成问题。

有的时候，"面子"也就是尊严。

附：再说"面子"

话剧《蒋公的面子》大热之前，我曾写过一篇小文，有所议论，及至该剧隐然成为一个文化事件，文章又被记者翻出来。在一片赞扬声中，似乎是当作"异见"的代表了。信息不灵，前两天才有人告我，说该剧导演吕效平与你掐上了。到网上搜搜，原来我文中用了"精致的淘气"一语，大可演绎为对教授终去赴宴的不以为然，大概记者以此为问，吕效平便说，他对教授们的"妥协"毋宁是欣赏的。我和吕是很熟的同事，不难当面"对质"，不过也许没必要，因两者的意思都出于戏剧之外，就对知识人现实处境的"纠结"而言，并无二致，似乎也止于纠结。

"面子"问题涉及"给不给"与"要不要"的两面，两面又是互为因果的。"面子"又和"里子"不可分，否则《面子》一剧引发的讨论也不会直奔"风骨"而去。古之读书人、今所谓知识分子，皆被看成最要面子的人群，欲煞其气焰，往往也就从剥夺其面子开始或告终。五十年代初的知识分子思想改造运动，某种意义上，也可说是一场声势浩大的面子剥夺运动，——好听一点叫"洗澡"，粗鄙一点，就径直叫作"脱裤子"。其后反右、文革，一波接一波，人诬且被逼着自诬，要想保住起码的面子，也无可能。俗语所谓"一点面子也不给"，意谓表面上的敷衍文章也懒得做。此所以《蒋公的面子》里老蒋虽未出场，他做做姿态的邀宴之举，相形之下倒仿佛在几十年之后给他赢了几分面子。

环境的确改变人，——固然有陈寅恪那样宁折不弯的高士，然对大多数人而言，要待彻底剥夺"面子"的时代过去之后，"要不要"的问题方才浮出水面。糟糕的是，我们好像已然丧失了"面子"意识，所谓"脱不下长衫"的矜持荡然无存。正是在此背景下，《面子》中几位教授首鼠两端的忸怩才仿佛变成了令人怀想的"古风"。三位教授不乏喜剧性，其可笑处不在最终的赴宴，而在自找台阶，为让自家面子过得去口问心、心问口地一番纠结。为了一道好菜或为了保全藏书就去得，为了蒋名不正言不顺的校长身份就去不得，必待完成了某种转换才肯就范，岂不是自欺欺人？然而这里对"面子"的计较恰恰隐含了某种底线。圣人有言："大德不逾闲，小德出入可也。"时任道、夏小山们显然以为，为了心爱的藏书乃至为了口腹之乐让步，不丢人；被己所不喜的权势人物呼来喝去，哪怕是以邀宴的形式，则大大地丢人。故所谓"面子"往深里说，涉及到对权力的态度问题。

难怪这出戏有那么大的影响，——今人的做派，去剧中人亦不可以道里计了。

梁漱溟的傲气与勇气

"花岗岩的脑袋"

1974年大搞"批林批孔"那会儿，我正在上初中。林副主席我们当然是知道的，不仅知道，"九一三"之前还天天祝他"身体健康""永远健康"，孔子则毫无印象，说此前我们对这位传统文化的关键人物甚至不知其名，也不算夸张。当我们与他相遇之时，他已被不敬地呼为"孔老二"了。尽管如此，我们对运动还是很投入，"义愤填膺"地批他。林彪与他关系的铁证，是林喜欢他那句"克己复礼"，据说抄了好几遍。于是在"两报一刊"社论的经典句式中二人被绑定，说林"带着花岗岩的脑袋"去见孔丘了，云云。

谓其"经典"，盖因此句式被广泛地模仿，在我们的大批判稿子中，更是频频出现。不仅林彪，凡不肯大骂孔老二者，皆比为"花岗岩的脑袋"，喻其冥顽不灵。这很有无的放矢的嫌疑：花岗岩的特点是其非同一般的硬，而历次政治运动之后，当真敢对上面的号召"负隅顽抗"的，几乎没有，至多是腹诽而已，——过关犹恐不及，哪里敢硬抗？偶有不服的人，很快也都服了，或欺人，或自欺，检讨、输诚，不是愿不愿投降的问题，是让不让你投降，或算不算你投诚、起义的问题。故以花岗岩的硬碰硬而论，"花岗岩的脑袋"实为想象之词，悬想出几个死硬派的假想敌来，倒是有助于将群众运动维持在"群情激昂"的水平上，"轰轰烈烈"也师出有名，至少纸上是如此。

若干年后我才知道，当时还真有"花岗岩的脑袋"，对批孔不买账就是不买账。这便是梁漱溟。他原是准备缄口不言的，周围的人都劝他少说为佳，他后来说，这是他的"苦衷"。但是从思想改造以来形成的模式，是运动中人人都须"表态"，"表态"是过关的先决条件，保持沉默的权利早已不存在了。梁参加的政协学习，小组会上别人均对运动表示拥护，最后问到他头上，而江青已在别处的批判大会上点了他的名，不说也得说了。要说，就不能屈己从人，做违心之论，这是梁漱溟的底线。结果他很顶真地写了《今天我们应当如何评价孔子》的长文，在会上一发不可收拾地讲了五小时，倒像是给人上课。中心意思是，林与孔，连不上；批林，可，批孔，不可。结果自然是招来一场"批林批孔又批梁"的批判，每周三四次，少则一二十人，多则一二百人，由学习小组而联组而大会，持续了整整一年。最后问梁对批判的感想，他居然脱口说道："三军可夺帅也，匹夫不可夺志！"

这场批判似乎是内部的，否则我们就不要等许多年后才知道"梁漱溟何许人也"（江青语）。只是当时若知道，当然是猛批,"花岗岩的脑袋""冒天下之大不韪"这些词儿都是现成的。

服与不服

敢"冒天下之大不韪"的人,必有几分傲气。梁漱溟显然是一个有大傲的人。古时读书人向被视为"傲"的人群,现代社会中之知识分子,也还在延续着这份傲气。民国民间知识分子对抗权势的例子,我们可以举出许多。只是往往傲得过这个傲不过那个,敢跟蒋介石做对的不少,敢跟毛泽东叫板的,几乎就找不出来了。梁漱溟是个例外。

比起来,拒绝批孔犹其小焉者,五十年代初梁在中央政府会议上为自己辩诬,声称"我要看看毛主席有无雅量收回他说过的话",才更是石破天惊之举。他自己说的,"气势甚盛"。他仍认为和毛之间是分庭抗礼的朋友关系,当年在延安二人之间的数次倾谈显然在他念中,朋友之间,冲突亦不免,相互负气也正常。"人家都说你是好人,我看你是伪君子"这样伤人的话毛说得,他要求一点"雅量",不算过分吧?毛当即毫不含糊地道:"告诉你,我没有雅量。"此语一出,群声四起,梁马上就被哄下归座了。这非常戏剧化的一幕后来被称为"面折庭争",大多数叙述及派生的记忆遂亦定格在激烈抗争的姿态上。事实上还有后话:这一次,某种程度上梁漱溟是服了的。

这见于他的检讨和日记。他追溯自己"狂妄自大"的

"思想根源",乃在"阶级立场不对",以致"言词之间失去了一个中国人民对伟大领袖和领导党应有的恭敬","觉悟"到这一点之后,他甚至对自己下了"顽钝无耻"的断语。这样的低首下心,对梁漱溟这样的人,痛苦不言而喻。他的骄傲不允许他因外在的压力而屈服,他的"服"必须是通过说服自己来达到。最终令他肯于归罪于己者,说复杂自是复杂,说简单也极简单,——即是建国初期中共取得的成就,他认定中国过去一直在走"下坡路",1949年后则在走"上坡路"。"上坡"也即国家走向强盛是硬道理,这是被普遍接受的逻辑。梁漱溟抗得了其他,抗不了这个逻辑:"就是这个吸引人鼓舞人的力量太大了。它使你心胸顿时开阔、奋发,忘记一切琐琐碎碎支支节节的个人私事……"

也就是说,梁漱溟是以"顾全大局"来说服自己的。有意思的是,他虽然勉力学习运用"阶级"一类的新话语,而让他能够求得心之所安的,还是儒家的思想。他追悔自己发言之"不慎",不能为毛设身处地——当面质问,让对方下不来台。以他的话说,这就叫作"有个人英雄之气,而无一片恻隐之心"。顾全大局,即不再计较事情本身的对错;推己及人,反求诸己,则"觉悟后,恻隐之心顿现眼前——惭愧不能自容,就是恻隐之心"。

至此,梁漱溟已将自己的服输认错转化而解释为儒家修养的一部分了。他只论当众抗辩事态度上的当与不当,避而不谈事情本身之对错,则又提示了他的不服。

勇气与傲气

梁漱溟一再反省自己的"自高自大",但倘"傲"当真是一病,那他在青少年时代已经在引以为戒了。十四岁时,梁入顺天中学堂读书,班上同学中与廖福申、王毓芬、姚万里三人最称莫逆,相互间依年齿称大哥、二哥、三哥。某次四人聚谈,兴浓处廖提议每人各以其短拈出一字,用来相互称呼,以为警惕,他给梁挑的即是一个"傲"字。

他读小学时并不出众,成绩排在中等以下。上中学后发愤用功,在班上已居前列,英文、代数均提前自修,进度大大超过老师讲课的进度,国文则他虽不以为意,却偶亦名列前茅。做文常剑走偏锋,喜为翻案文章而不肯落俗套,一位老先生颇头疼,曾有"好恶拂人之性,灾必逮夫身"的警诫;另一老师大赏识,谓其"语不惊人死不休",态度不一,却都见出梁不甘俯仰随人的傲气。

但梁漱溟所恃者,却不是他的天资、才气,而来自他的向上之心,他立下的济世救国的志向,——他显然从这里把自己和普通人区隔开来的。对社会、对国家的现任感令他"鄙视那般世俗谋衣食求利禄底'自了汉'生活","自具一种迈越世俗的见识主张"。在他眼中,世俗之人虽不能说坏,但目光短浅,不足为训,因此一个人必须力争上游,——"顷所谓一片向上心"。

"吾曹不出,如苍生何""天降大任于斯人"的士大夫情怀其实一直伴随着梁漱溟,他以"不谋衣食,不顾家室,不因家事而拖累奔赴的大事"为家训,这也正可视为他的自况。虽然他在五十年代初的"面折庭争"之后有"'自高自大'害死了我,一定要彻底粉碎了它我才得救"的自咎语,他事实上从未尽弃那份高傲。因拒绝批孔挨批之际,他关起门来读《甘地自传》,评曰:"在人格上,甘地与普通人全不是一格。甘地一言一动发自内心,而其内心实通乎广大宇宙。"——儒家"万物皆备于我""吾养吾浩然之气"的道德勇气在此叠映于甘地形象之上,而这简直可视为梁在批斗声中的自我励志,他当然会想起,当年马歇尔就是称他为"中国的甘地"的。

故我们于他痛责自家的"自高自大"之外,一再看到他非比寻常的自负。1975年《人心与人生》完稿,他在"书成自记"中道:"当今人类前途正需要有一种展望之际,吾书之作岂得已哉!"隔年他给年谱写叙,第一句就是,"我自谓负有沟通中外古今学术思想的历史使命"。

更能见出他舍我其谁之气概的,是四十年代重庆流传颇广的一个传说,说日本人占领香港时梁与其他民主人士乘小木船离开,其时小舟漂泊海上,很是危险,他说中华民族复兴要靠他的三部书,现书未写成,他绝不会死。不管是不是段子,这倒提示了,他的勇气,与他的傲气常常是不可分的。

望之俨然,即之也温

赵朴初说梁漱溟"望之俨然,即之也温"。前面四字是不用说的:他晚年最为流行的一张照片,戴着家居小帽的,几乎被当作他的标准照了,照片中的梁漱溟双唇紧抿,嘴角向下,镜片后的双目炯炯,凛然不可犯。——其"俨然"可谓一"望"而知。

我辈没有接近的机会,他"即之也温"的那一面当然无从领略。子夏所谓"君子有三变:望之俨然,即之也温,听其言也厉",有儒家风范的人物中,常见到这一型。这里面混合着身份意识,也有对场合、对象的拿捏。大体上,后一面更见于平日的待人接物。但梁在这上面有时也是与众不同的。比如他自奉甚俭,常周济需要帮助的人,从不图回报,但对条件尚好者,借的钱必追讨回来,因要用来帮助更需要的人。周济他人,原本属于"温"的范畴,这里他行来则又见出不苟的"俨然"了。

他的蔼然长者之风,我们可以从他学生的回忆里听到许多事例。至于"望"与"即"之间的转换,我觉得晚年他与冯友兰"相逢一笑"的晤面是最有意思的。二人都是大儒,且都是有使命感的。但在"批林批孔"中的表现却是天差地远。一个以"虽千万人吾往矣"的勇气拒不从命,一个则违心跟了风。虽是老友,梁对冯自不能原谅。1985年,值冯九十华诞,举家宴,宗璞奉父命电话邀梁出席,梁一口回绝,且去信说明理由:"只因足下曾谄媚江青,故我不愿参加寿筵。"语气斩截,不稍假借,很是"俨然"。后冯寄赠《三松堂自序》,又修书认错,信中有"应该实事求是,不应该哗众取宠。写文章只能写我实际见到的,说话只能说我真想说的",如是则"不会犯批林批孔时期所犯的那种错误"等反省语,恳请暮年一晤。梁即回心转意,要亲往冯宅晤面。冯虽仅小梁两岁,当年在北大读书时却听过梁的课,且意甚诚,结果还是在宗璞陪同下登门访梁。

  晤面的时间不短,梁不会不想到批林批孔事(何况此前不久还为此不无耿耿),然面对面之际,对那段过节却只字未提。一方面固然是冯已悔过,另一方面,也是顾及老友的颜面吧?其间宗璞插言,感慨"中国知识分子既无独立的地位,更无独立的人格,真是最深刻的悲哀",且发问:"我们习惯于责备个人,为什么不研究一下中国知识分子所处的地位,尤其是解放后的地位?"后一句隐有为其父辩白的意思,而梁漱溟正是对冯厉辞峻责的人。可想而知,宗璞的话梁漱溟是断断不会认同的,然他也就默尔而息。这里虽有冯认错之前与之后的差别,"望"与"即"的不同,也是一个因素吧?

远香近臭

好多好多年前,可读的书还不多,尤其是在闲与不闲、随意不随意之间的书。曹聚仁的《我和我的世界》和《万里行纪》出来,就颇为好书者乐道。前书中有一段话,提到郁达夫或是某位与他有交情的浪漫派文人,有几分调侃地说,可以做朋友,不可为邻居。引申到古时落拓不羁的骚人墨客,比如李白,也作如是观。我印象深刻,盖因此意他在别处又多有发挥,显然是自认有所见的。

朋友可以远在天边,邻居则必是近在眼前,抬头不见低头见。与李白不妨做文酒之会,尽情仰慕他的"诗无敌",但他若在隔壁天天烂醉耍酒疯,弄得你夜不成寐,那就受不了。这也通于人际关系中"远香近臭"的道理。反过来也可以说,许多名人之所以能在人们心目中维持近乎完美的形象,恰恰在于适当的距离。一方面如邱吉尔所言,仆人眼中无英雄,任是再了不得的人物,在身边人眼中也会显露凡俗的一面。另一方面,如果与对象处在某种利害关系中,则那种敬仰之心便难以形成,即形成也不那么纯粹或难以持久,因利害关系有可能带来的负面因素局外人无须面对,个中人则身当其事,"到底意难平"。这正如曹聚仁拟想中李白的邻居,"会须一饮三百杯"只会引来我们对李白豪气的欣赏,那邻居却要对他的闹酒头疼不已了。

是故对同样一个人,人们以距离的远近,评价有可能会有很大的差异。比如梁思成、林徽因,在人们心目中是知识分子完美人格的化身,但他们的清华建筑系同事的态度就要复杂得多。陈徒手文章《一九四九年后梁思成的人际境遇》即写到梁、林二人与周围同事之间关系的紧张。1955年,清华建筑系内部展开对梁建筑思想的批判,他的一些同事踊跃参与,固然有政治气候的因素,另一方面却也与他们平日的四面树敌不无关系:有的人是因为建筑理念上的不同而受到林的压制,有的人是不能忍受梁、林踞高临下的傲慢,有的人是被二人没必要的出语尖刻伤着了。梁、林对大众而言,只是抽象的存在,我们可以略过这些琐屑去崇拜他们,当事者面对的则是具体的人。没准那些尖刻的言词会成为某个佳话的一部分,它却是以牺牲那些当事者的感受为代价的。这些具体的感受,提供的是另一种真实性。

陈徒手先生显然对梁、林二位不乏敬意,正因如此,他对梁"人际境遇"的和盘托出才特别让人佩服。盖因现今对人物的评价,往往不是神化,即是妖魔化。

朱东润与传记文学

一

教材教辅之类，很少被当作正经书看，坐拥书城者，若架上被发现了这样的书，大概会很没面子。但却是影响广被，——倘畅销书是一种体制外的传播，则教科书的传播是体制化的，入得中小学教材，作者立马声名大振，甚至变得家喻户晓，朱自清、谢冰心在很多人心目中成为散文／美文的象征，即是以此。大学教材使用范围小得多，影响力大大不如，不过较之专著，在确立知名度方面，力量又大得多了，特别是那些具有"统编"性质的教材。我知道"朱东润"这个名字，最初就是通过他主编的《中国历代文学作品选》。

上世纪五十年代末，高校的教学似尚未进入"一盘棋"的年代，文科没有统一教材，各校自行其是，一校之中，拿什么当教材也因人而异。于是周扬就招集高校教师来编，最后编出了两套历代作品选，复旦、杭大、武大等是联合编选（北大则另搞一套），朱东润以复旦大学中文系主任的身份，成为教材的主编。这书很多高校的文科都用，到现在也还在印，对很多学生说来，朱东润也就以此闻名。集体编写的教材，往往不是一加一大于二，倒是优势的相互抵消，即如作品选一类，也很难见出选家眼光，再加意识形态的因素，就更难见出特色了。朱东润对《中国历代文学作品选》在意处，也不在学术分量上，因他扮演的更多是组织者的角色。他看重的是其他，特别是他的传记，因他学术上的建树在此不在彼。

我读本科时孤陋寡闻，直到后来读到《张居正大传》，才知道朱东润是个传记家，并且可以说是中国传记文学的开拓者之一。在中国倡导传记文学的，多为新文学中人，名气大的如胡适，名气小的如梁遇春。研究古典文学而致力于传记的不多见。而且整本的传记，大多写的是今人，不拘胡适的《四十自述》还是他的《丁文江传》，又或梁启超的《李鸿章传》。《张居正大传》大概是第一部写古人的传记。胡适不能说是"坐而论道"，自传、他传都是身体力行的，但以他的兴趣之广，事务之多，不可能专力于此。朱东润对传记则相当专注，且持之以恒。《陆游传》《梅尧臣传》《陈子龙及其时代》《张居正大传》之外，晚年还留下一部自传，另外还为亡妻写过一本《李方舟传》，——古往今来，悼亡之作数不胜数，认认真真地为亡妻作传，写出整本的书来，则绝无仅有。为普通人立传，即在平民化的时代，也是异数。李方舟不过一介家庭妇女，相夫教子一辈子。从这角度说，《李方舟传》也堪称奇书了。

二

朱东润原本是研究古典文学的学者,转向传记,不无偶然性。说起来还与民国高校教学内容的改革有点关系:1940年,教育部有了新章程,大学中文系可开设传记研究一课。大学里开设专门课程,意味着学术上传记研究合法性的认定,即传记研究被承认为一种学问。胡适倡导的传记文学至此算是获得了体制内的呼应。

其时朱东润在武汉大学中文系任教,系里有位学问不怎么样的教授,开不出专课,系主任便指派他开"传记研究"这门新课。那位教授于传记一窍不通,只会拿八大家的古文来应付,自然是不知所云。这在同事间不想成为笑料也难,朱东润当然也视为咄咄怪事,然而这倒引发了他本人对传记的兴趣,用他自己的话说,从那以后,将近四十年,"我的业余时间都花在这里。不但是业余,有时竟把传记文学作为正业"。说"正业"没半点夸张,因他遍览史籍,于其中的传记材料钩玄提要,又复仔细研读西方经典传记及相关理论,写成《中国传记文学之发展》《八代传记文学叙论》二书。——在中国,这应该算是系统的传记研究的初步了。

朱东润仍觉意下未足,好比美食家,终要亲自下厨,才算功德圆满。"作为现代的中国人,必须能写出一部有阅读价值的中国人的传记。"既然中国尚未见"现代"意义上的传记,他便发愿写他一部。于是便有了《张居正大传》。这是他的第一部传记,也是他所有著述中知名度最高的。

我不知道它的大大有名是不是和商家的包装有一定的关系，——我读《张居正大传》时，在封面上，它已然和《李鸿章传》（梁启超）、《朱元璋传》（吴晗）、《苏东坡传》（林语堂）捆绑在一起，号为"二十世纪四大传记"。这说法不见经传，几部传记路数不一，林著还是用英文写了给洋人看的，弄在一起有点莫名其妙，多半是出版社的销售策略。但《张居正大传》的学术价值是不用说的，七十年代黄仁宇在大洋彼岸撰写他那部后来蜚声海内外的《万历十五年》，耶鲁名教授、史学权威亚瑟·莱特就建议黄参考《张居正大传》，可见其影响。

朱东润的目标是现代传记，希望"供给一般人一个参考，知道西方的传记文学是怎样写法"。他心目中的标杆之一，是被尊为现代传记之父的斯特雷奇，不过据他想来，《维多利亚女王传》那样富于文学性的传记在中国超前了点，要紧的还是先有严谨的材料和中肯的评价。事实上他的传记写作一直就是往这一路去的：严谨有余而不大"文学"。我们不能因此就说他不"现代"，因为在西方，学术性的传记与文学性的传记，原本就是分途的。

"头条"与头条意识

一

"头条"之说，当是起于报纸：重要的消息置于报上最显要位置，谓之"头条新闻"，若是评论，则谓之"头条文章"。辨析报纸上的"头条"对我而言，经常是一个问题，倘都像文革时期的"两报一刊"社论倒又罢了，反正是通栏的标题，大幅的版面，绝对醒目。广播、电视里的"头条"则更不会弄错，——依次播出，先后顺序在那儿摆着。

与其"历时性"相比，报纸的版面（现而今网页的界面也类似）有"共时性"的意味，若非通栏文章，又以各种手段（版面的切割，不同的字号字体）参差错落编排起来，真还不知孰轻孰重。比如同一版面上两篇文章并列，左上角与右上角的，谁算头条？好多年前有次一同事寻我开心，说与领导平起平坐了嘛，——是说当日本地报纸副刊上有我一篇小品，旁边挨着的是一离休省长的诗。打嘴仗之余，我扫了一眼，倒意外地有了顿悟：所谓"头条"，必是位于左上角者。无他，因为领导在那里。古时尊左还是尊右，因时而异，并无一定之规，然现代汉语的书写与阅读，都是从左到右，自上而下，以此为判，当然是左上为尊。出于好奇，我到网上去印证了一下（网上若非电子版，便是先后的排列），果然是前省长压我一头。

我倒并无不平之意，就像位尊者必居上席，为官者在版面上占据"要津"，也是常情，虽然那位喜风雅的领导的"七律"是地道的"老干部体"，放在副刊里有点不伦不类，然舍此处似乎也没别的去处，总不至于高攀毛主席他老人家，享受"独尊"的特殊待遇。——我说的是文革时期的报纸，有一段时间每日照例有"毛主席语录"或"最高指示"，加边框套红置于报眉右上方的位置，与报名并列。而若有"最新指示"与诗词发表，自然是"头版头条"。不论为前者为后者，事实上皆已不是通常的"头条"概念所能拘范。这样的待遇，于今已是"俱往矣"。地方长官有大作发表，在地方报纸的副刊里占一位置，已算是"与群众打成一片"，属"与民同乐"的性质。既来之，总该占先，好比领导做指示，照例在先，顶多主持人发句话，让在场者鼓掌欢迎。

二

报章杂志上既有"头条"之设，相应地，也就会有"头条"意识，——我说的是对是否为"头条"的掂量、计较。想来读者对此并不在意，消息的重要与否，文章的好歹高下，大约没几个读者依"头条"与否来做出判断。有"头条"意识的，一是编者，二是作者。

何者当据于"头条"，关乎编者对重要性的判断，此一判断又涉及办报办刊方针、个人的好恶，还有人际关系，真所谓"方方面面"。末一条是未便明言的，却不能不理会。倘作者来头大，又有将文章排序看作排座次的倾向，就更是不能掉以轻心。文坛之外身份特殊的大人物也就罢了，文人都识相，攀比限于同行。最难摆平的还是文人之间。名家稿件齐来固然是编者的福音，然要分出先后，其难度堪比手中捏着一堆大牌球星的教练为让谁上场抓耳挠腮。

上世纪三十年代，施蛰存在上海编《现代》，某次因为"头条"问题引得郭沫若发飙，半个世纪以后他在回忆文章中还能细述原委，足见印象深刻。事缘《现代》向郭沫若约写自传性散文《离沪之前》，文长，期以三期载毕，未料第一部分甫刊出，郭忽然通知编者后面不让登了，原来那一期的目录上，周作人的一篇散文力压郭文，被置于头条位置。此举好比影星中途撂挑子罢演，令施大为尴尬，只好登一小启，编个理由说郭文将出单行本，不再续登云云，算是给读者一个交代。另一方面则是紧急向郭疏通，说明目录上固然是周在前，郭在后，正文里却是郭在前周在后的。郭沫若于是回心转意，同意续登。施深恐有失，又还和另一编辑杜衡做低伏小联名再致一函，大表歉意。过段时间，终于得到郭沫若的回复：

> 杜衡施蛰存二先生大札奉悉，前……所争非纸面上之地位，仆虽庸鲁，尚不致陋劣至此。我志在破坏偶像，无端得与偶像并列，亦非所安耳。大致如此，请笑笑可也。专复，即颂撰安。

谈笑之间，争"头条"事一笔勾销，顺带着还给一己行为的动机安上了"破坏偶像"的严肃性。周作人成名甚早，五四时代在青年人心目中地位崇高，创造社较文学研究会后起，郭沫若"志在破坏偶像"云云，亦不为无因。然作为《现代》的编辑，施蛰存显然不这么看，否则他也不会将上引短札径视为"郭沫若的《争座位帖》"。不仅此也，事实上事发之先他已然预留地步：目录上周置于头条，正文中郭跃居首位。或者文人争头条事已屡见不鲜，或者是施虑事周密，否则他为何要未雨绸缪，玩那种朝三暮四、暮四朝三的把戏？——也算是编杂志的维稳之计吧？无奈仍然是祸起萧墙。

对郭而言，四九年以后，这样的事就再没有了，他不必和别人争，也没谁还想和他争。当然，是在文艺界。

金克木二题

"自说自话"

老辈学人中，金克木先生肯定是最不按牌理出牌的一位。记得老先生去世后陈平原写过一篇文章，说到多次登门求教的情形：一是每次必要强调，"我要死了"；一是送客至家门口，必要再说半小时之久，说的方式与方才的坐而论道无异，都是自顾自地说，滔滔不绝，无须回应。

读他的文章，印象也是这样的：虽然一点不端架子，像是与普通读者也能娓娓而谈，却又像是自言自语，自说自话。上世纪八十年代，在《读书》杂志上接二连三读到他的文章，经常是读得兴兴头头而又不明所以。说好懂也好懂，因他虽曾往天竺"取经"，身怀独门暗器（光是外语就通好多种，而且像梵文、巴利文、乌尔都语这样的，绝对"小语种"），所谈却不是他的绝学，而是一般性的话题，谈论的方式也平易近人，即或符号学、结构解构之类的新潮理论，到他那儿也是三下五除二地拆解了，由专门术语、严整体系还原为家常话。

说难懂也真是难懂,因他在一篇文章中也能打一枪换一个地方,随便什么话题,到他手里都万花筒般地旋转起来,转瞬之间已显现出好多个面相。出入古今,钩联中外,不断地旁逸斜出,思绪兔起鹘落,升天入地,那一份佻挞,常令读者有"瞻之在前,忽焉在后"之感,真是如行山阴道上,"应接不暇"。

虽然"应接不暇",追不上老先生的天马行空的思路,像很多爱好者一样,我还是追着读他的文章,因为常得启发。我说"不按牌理出牌",是因他既不"照着说",也不"接着说"(冯友兰语),事实上落英缤纷之中,他老人家自有他的理路,只是他的知识结构来得庞杂,且各门各派的学说都到他的"语境"中去对号入座,好似一切都已转换为他的语言,我辈学植不厚,且远没有他那份不受拘限的触类旁通的自由精神,骤然入得他的八卦阵,自然失其路径。无人能接住话头,他一边面对读者,一边也就像是"目中无人","独与天地精神相往来"。

独语毕竟寂寞,他有时就来个一气化三清,自己跟自己对话。有蛮长的一段时间,《读书》上他的文章都取对话体,他还对自苏格拉底以降的对话体追溯了一番,对这种设立对立面的"复调"演绎大感兴趣。有人说他像老顽童,那他的对话体,也不妨比为周伯通的左右互搏了。比他为孙悟空大概也不会错的,顽童、孙悟空,特征都是好动,金克木先生有的是精神上的多动症,内里是活泼泼的好奇心,"搅得周天寒彻""玉宇澄清"非他所计,因他没有什么具体的偶像要打倒，也无意确立什么新的体系，满足好奇心本身就是乐趣，倒未必要有确定的答案。

所以，有的时候，他一问而罢。

心仪程灵素

金克木先生之喜读金庸小说，不是什么秘密，他常在文章中提到金庸笔下的人物，有时还会以书中的武功招式为喻，"六脉神剑""凌波微步"什么的，可谓招之即来。他还写过一篇《与小说对话：不败求败》，事实上是与金庸隔空对话，虽然对金的史学佛学水平不无保留，对其武侠小说达到的境界，却是大加赞赏。

当年一批年轻学者为二十世纪中国文学大师重排座次，向被归为通俗的金庸越居茅盾、巴金等人之上，占得一把交椅，此事曾在学界引起轩然大波。金克木对文学史评价之类大概不感兴趣，但他也许比诸多津津于雅俗之辨、做古正经让金庸"位列仙班"的人对他的小说更感兴趣，——无他，喜欢而已。证据还是，他常拿金小说中人说事儿。比如说，他有篇题为《百无一用是书生》的文章，说杨绛小说《洗澡》的，从古之"读书人"说到近现代之"知识分子"，感慨遥深。也有"就事论事"说到小说人物处，女一号姚宓就被大书特书："……其中人物自然以那位姚宓小姐最为迷人。作者以温柔敦厚之笔写幽娴贞静之人，玉洁冰清，蕙心纨质，使须眉浊物蒙羞，更何况其余巧言令色之徒？新文学中，自冰心、庐隐而后,丁玲出世以来,少见或竟未见这样的淑女。若作者和读者不嫌唐突或滑稽,我想赠以'第一青衣'美名。"这已是不吝褒奖了吧? 不道金老先生宕开一笔,忽然引入金庸笔下一人物以为参照:"那位穿朴素青衫的村姑确是生得清,死得烈,使我向往之至……两位'青衣'相比,我得的印象还是那位有毒的较深。"

令金老先生致以向往之诚的是何人? ——《飞狐外传》中的程灵素(程是药王弟子,故曰"有毒")。印象较深,当然也意味着,作为一个文学形象,后者更成功。我孤陋寡闻,真还没见过哪位批评家若无其事拿纯文学作品中的人物与武侠作比,仿佛顺理成章。这也就见得克木之不以"雅""俗"为意,出入自在,了无滞碍。

他在另一文章中说程灵素"能毒自己以救人,超乎生死,在至情中超越了情,为女中魁首"。——一提再提,足见这人物予他的印象,不是一般的"深",直似梦中情人。金庸笔下江湖险恶,但是侠骨柔肠,剑胆琴心,亦自美女如云,不要说小龙女、王语嫣,即使立于同一故事中的袁紫衣之侧,程灵素也显得相貌平平,金老先生情有独钟,当然是因她的至情至性,他甚至将她举为解脱了"贪、嗔、痴"的一例。然文学形象毕竟不是佛学符号,照小说中的描写,他的"向往之至",应该也包括程的善解人意、乖巧伶俐吧? 张爱玲臆测,大观园中,男性读者老少咸宜的梦中情人,应该是兼具侠气与孩子气的史湘云,从某个角度说,程灵素与湘云相去不远。不过这就说来话长了。

抗"旨"不遵

一

帝王时代有"圣旨"。圣旨之神圣,见于其非同一般的格式、款式,宣旨、接旨更是形同庄严的仪式。皇帝不再,"圣旨下"的那一套也随之俱去,然有独裁倾向的人总不免有下旨的冲动,当然,会出之以不那么正规隆重的形式。在蒋介石,便是"手令"。有学者做过专门研究,蒋的手令五花八门,上至党国大事,下至女学生的标准发型,他都要过问,你可以说他是以手令的方式"身必亲躬"。1940年,他又一手令到了中央研究院。

事缘这一年德高望重的蔡元培去世,中研院院长的位置上需有一新的人选。按章程,应由中研院评议会先投票选出三位候选人上报,再由政府于此三人中圈定一人。评议会诸人心目中自有各自的人选,有人要选翁文灏、傅斯年、周炳琳、陈寅恪等人要选胡适,后王世杰又提出顾孟余,王世杰、朱家骅也都是议论到的人选。为心目中的合适人选说项之事是有的,比如王世杰、段锡朋欲举顾孟余,事先就想"运动"

一番，还默算过可得票数。民主选举，"运动"亦属题中应有，只是觉得"这一般学者，实在无法运动，如取运动法，必为所笑，于事无补"（傅斯年致胡适信），遂作罢。所以虽然意有所属，评议会中人都是准备"听天由命"即投出谁便是谁的，虽然大致料定应在胡、翁、朱、王数人之中。

这边酝酿未已，那边蒋介石的手令来了，让选顾孟余。选举的规则是有制衡的意思在里面的：当局有拍板之权，但你只能在我选出的三人中确定其一，出我范围，则你即使早有夹袋中人，也只能徒唤奈何。倘将顾孟余选进去，那么既然蒋已属意于彼，最后发表出来，必是他无疑，票选这一环节，过场而已。

帝王时代，抗旨不遵的事也是有的，"将在外，君命有所不受"，但那是在外的武将，文人似乎就无例可援。蒋公的手令来了，这些读书人又当如何？首先是，反应"颇为激昂"。倘若是党部主任也就罢了（虽然事实上中研院并无院党部之设），院长应是中国学界的掌门人，代表学术之尊严，岂可由一纸手令而定？"激昂"若只是发为牢骚，也就没什么可说的了，方今遇上面有荒唐指令，腹诽乃至骂娘者尽有之，不过骂完之后，还是遵命如仪。当年这帮中研院的评议员则来了真的，以投票说话，抗"旨"不遵，而且，一点没给蒋公留面子。

二

抗"旨"的人当中，要数陈寅恪的表现最有意思。他肯定是最"激昂"的人之一。

陈寅恪素不问事,远离人群,埋头做自己的学问。他倒一直有"单位",但从来与"单位"之间都是一种若即若离的关系。学问乃"荒江老屋,二三素心人切磋之事",只能"单干"。比如他是中研院史语所第一组的负责人,然所里的事事实上他不大过问。当时的史语所类于今日的博士后流动站,聘来的助理都由像陈寅恪这样的资深研究员指导,陈名气虽大却并不参与,以致他的顶头上司傅斯年颇有微词,在私人信件中抱怨说,"其实彼在任何处一样,只是自己念书,而不肯指导人",甚至半玩笑地说陈偶或肯指点一下年长的助研,也是因为他常要让其帮自己查书。

这样一个不问事的陈寅恪,对选院长事却看得很重,专程赶到重庆投出他的一票。像好几位评议委员一样,他亦属意胡适。事实上胡适此时正在大洋彼岸任驻美大使,担着莫大干系,根本不可能返国任中研院院长,诸人要选他,实因胡适象征着学术自由。故明知不可能,他们还是要把胡选出来,以傅斯年的话说,"让他们看看"。此处"他们"指政府当局,是知评议会中部分人对当局早有戒心,迨蒋介石手令下,自然大为愤慨。陈寅恪即在正式投票前的一次饭局上慷慨陈词,强调学术自由,且称选为院长者必须在国际上有学术声望,如担任外国学院的委员之类。1940年之前,胡适已获赠哈佛、芝加哥、哥伦比亚等美国著名学府的荣誉博士,这一年又有六所美国大学先后给胡适这一荣誉,陈寅恪特别提出国际影响这一条,其意不言自明。

事实上陈寅恪与胡适文化立场不同，治学路径各别，对胡的学问，他未必佩服，不以为然处倒必是不少，但在他眼中，胡适仍然是个有自由思想、独立精神的知识分子，而非官场中人。他私下说，"我们总不能单举蒋先生的几个秘书"，——此话当然有所指，盖议及的可能人选中，胡适之外王世杰、翁文灏、朱家骅，加上顾孟余，均弃学从政，虽并非当真干过"蒋先生的秘书"，但在陈的眼中，也就和听命于蒋的秘书相去不远，胡适则是因抗战才接受驻美大使之职，与前者为两路人。"总不能单举"云云，说明陈心知肚明，最后不可能是胡适，选出胡来是一种姿态，这个姿态却必须有，因为事关评议会，也就是知识分子的尊严。

评议会诸人的态度肯定有差异，李四光对蒋的下条子就并无异议，王世杰、段锡朋等也不可能像陈寅恪那样峻急，但基本立场一致，关键是，评议会有它自己的氛围，"天下大势"或在蒋，陈寅恪的"清议"，反映的则是评议会的"大势所趋"。

三

大势所趋，评议会投票的结果也就不难预料。正式投票前，因胡先骕提议，搞了一次模拟投票，结果是，翁文灏，二十三票；胡适，二十一票；朱家骅，九票；王世杰，一票。这和正式投票的结果差异不大。正式投票那一日到场三十人，王世杰任主席，放弃投票，实际投票者共二十九人，结果翁、朱各得二十三票，胡适二十一票，王世杰四票。蒋介石下手令要举的顾孟余，一票未得。

如一般选举一样，有些人事先会对选票的走向有个推算。王世杰、段锡朋有意选顾孟余是在蒋下条子之前，彼时段锡朋、朱家骅就算过，预计顾最多只能得七八票，希望不大，这才放弃了游说。但不再"运动"不等于届时就不投顾的票，我们不能说顾最终的一票未得完全是拜蒋介石手令之赐，因明知顾无望即转投其他可能当选者，令手中一票有意义，乃是比较务实的态度。王、段在投票前曾表示："要把孟余选出，适之也必须选出，给他们看看。"似乎仍有投给顾之意，甚至不乏试探顾人选之可能性的意思，结果却未投，赞成顾的李四光显然也投给了他人，这显然与众人对蒋介石手令"颇为激昂"的"大势"有关。

原先预计若举顾，他可能会得七八票，说明顾并非没有人望。虽然有人问到评议会成员之一的汪敬熙时，汪称顾为"政客"，很干脆地否了，然不少人，包括抱定宗旨要选胡适一个的傅斯年，都认为顾也是一个可以接受的人选。顾孟余留学德国，归国后在蔡元培掌北大时曾任北大教务长，后来又先后掌中山大学、中央大学校政，从政的经历则包括任铁道部长、教育部长，政、学两界都是老资格，难得的是生性淡泊，不以官场为意，口碑是不错的。我们甚至也不能说蒋介石下手令就有多么大的私心，没准他想到顾孟余，还有表明自家不偏不私之意：顾曾是蒋的政治对手汪精卫一派的人，汪投日后才与之分道扬镳，且顾任中大校长时,主张学术独立,要求党派政治退出校园,与蒋也有过矛盾。

问题是,评议会自发地选出顾孟余是一事,由上面钦点又是一事。于是一场选举,演为政治权势与学者自由意志之间的较量。顾孟余闭门家中坐,遭了池鱼之殃,很没面子,更没面子的是蒋介石。——这个面子不能给:给了蒋面子,知识分子就太没面子了。

当然,以为就此大获全胜就小瞧了权力。蒋虽然不能对这群忤旨的学者怎么样,却可以来个"留中不发",迟迟不圈定人选。直到半年后,蒋才圈定朱家骅,而且是代理,一直代理了十七年。

尽管如此,傅斯年仍有理由凭那一次的选举说:"学界尚可行 democracy!"

蒋介石的婚姻大事

这则婚启不寻常

1927年12月1日,蒋介石与宋美龄在上海步入婚姻殿堂。"步入……殿堂"之类,是关于缔结婚姻的庄重而浪漫的说法,对他们二人的婚礼而言,却也是写实,因婚礼虽分为在宋家府邸的仪式与豪华饭店的大宴宾客两部分,却都是西式,——中式婚礼尚喜庆热闹,西式婚礼则正是尚浪漫庄严的。一个已是民国的头号人物,一个来自举足轻重的家族,想不隆重都不行。

这桩婚事之庄重,也见于二人的婚启:当天,上海《申报》刊登蒋介石的《我们的今日》,文中有云:"余二人此次结婚,倘能于旧社会有若何之影响、新社会有若何之贡献,实所大愿。余二人今日,不仅自庆个人婚姻之美满,且愿促进中国社会之改造,余必本此志愿,努力不懈,务完成中国革命而后已,故余二人今日之结婚,实为建筑余二人革命事业之基础,余第一次遇见宋女士时,即发生此为余理想中之佳偶之感想,而宋女士亦尝矢言,非得蒋某为夫,宁终身不嫁。余二人神圣之结合，实非寻常可比。"于此二人的结合似乎纳入到蒋男一见倾心、宋女非郎不嫁的天作之合的模式，"今日之结婚，实为建筑余二人革命事业之基础"云云，则又依稀是"齐家治国平天下"的变奏，总之革命加恋爱，其"神圣"似不言而喻。

民国时期没有婚姻法，也无结婚登记一说，传统的婚书在大城市里已然过时，有身份地位的人往往选择在报上登一结婚启事，据说它还是有法律效应的。婚启通常只是一简单的告示，如同一则广告，自然可大可小，内容则悉听尊便。蒋介石非寻常人可比，他的《我们的今日》登在显著位置，也不取结婚启事的形式，但还原到基本的功能，我们正不妨以婚启视之，虽然看起来更像是一篇大张旗鼓昭告天下的宣言。

蒋对其婚姻神而圣之，小民百姓是否肃然以对，就非他所能控制了。事实上，从开始的有所风闻到后来的第一家庭，蒋宋的婚姻一直是上至达官贵人下至平头百姓八卦的对象，而八卦对"神圣"注定是消解性的。上层固然会议论这桩婚姻给政治外交带来的影响，在百姓的眼中，则看点端在夫妻关系，——家庭中东风西风的问题：宋美龄生在富贵之家，受美式教育的洋派女子，有点老土身为一介武夫的蒋介石是否降得住她？很不幸，在民间流传的种种段子中，蒋大有被填入"惧内"故事的趋势。蒋侍从室一工作人员曾回忆说，六年间从未看见或听说二人有过口角。但这话传出来也没人信的，四处流传的都是蒋对宋的无奈：第一夫人如何闯到最高会议上，令蒋尴尬；如何与蒋置气，搁下他一个人跑到香港久久不归；如何在卧室中一只高跟鞋掷将过来……有真有假,总之,他搞不掂她。

"他又不是蒋介石"

"惧内"段子中的蒋介石不免有几分可笑,另一方面,他也在某种程度上成为同情的对象,停妻再娶的事好像倒没人去追究。传统文化中男尊女卑,然休妻也是要有理由的,比如犯了"七出"之条,否则道义上便说不过去。民国是新旧交替最为戏剧性的时期,离婚仍是一件大费周章的麻烦事,不少人的婚姻仍依违新旧之间,旧式父母之命媒妁之言的婚姻并未解除,身边则是自由恋爱的伴侣。蒋介石在婚姻观念上决非新派,1921年他经孙中山、张静江介绍与十五岁的陈洁如结婚,就根本没动过与前面两位妻子离婚的念头。当然,他实际上是在纳妾,而宋美龄又岂是区区陈洁如可比?依违两可宋家是决不答应的。故蒋介石在报上郑重声明与三位妻妾脱离关系,蒋宋婚姻于是成为街谈巷议的热门话题。就是从这里,人们已开始形成宋美龄强悍的印象,也未可知。至于对蒋离婚一事的宽容,在社会中上层固然有观念开放的因素,在下层则未必,——很大程度上,还是因为他是个大人物。民国第一要人岂不就相当于过去的皇帝,而皇帝,还不是要怎样便怎样?

蒋的《我们的今日》有言:"余二人此次结婚,倘能于旧社会有若何之影响、新社会有若何之贡献,实所大愿。"隐然有移风易俗之念,他之登报离婚,不能算开风气之先,不过以其地位之尊，动静之大，也确有"革命"之相。只是他不会想到，在百姓的眼中，即便他三宫六院，也是该的。至此我该交代，在此八卦蒋氏婚姻，其实醉翁之意不在酒，乃在引出一则村夫村妇的婚姻喜剧，——在那对男女为婚姻而起的纠纷中，蒋介石出人意料地"在场"了一下。

故事的主角是赛珍珠的一位女仆，李嫂。李嫂是个寡妇，极强悍且有一份理直气壮。她的经历很有戏剧性，不过此处要说的是，她与别家的一个男仆好上了，新时代的自由恋爱，两人也曾情书互传，山盟海誓，但那男仆后来消失了，直到在街头被李嫂碰个正着，原来又和另一寡妇好上。李嫂便将他带回，锁在赛家地下室中。后因那男仆叫嚷着要出来，事被赛珍珠知悉，问李嫂，说是不锁起便又到那女的身边去。赛便让那男仆表态，男的说，娶李嫂也不错，于是二人结婚了。谁知过一阵男仆受不了李嫂的强势，想起另一相好的好处，便要走人，李嫂闻言大怒，又复将他锁起。赛再询问时，李嫂告她那男人的心思：两个女人他都想要。愤愤然评论这糊涂心思时，李嫂提到了蒋介石："革命以后就不能有两个了。他不过是个普通人。他又不是蒋介石！"——她不知道，蒋介石也将只能有一个女人了。

这故事是从赛珍珠自传里看来的。赛是个不大有幽默感的人，但她记下的李嫂故事真是有趣。最有意思的是，她将两段"罗曼史"扯到了一起："当这段厨房罗曼史正在进行时，新的国民政府中正在发生着比这重要得多的罗曼韵事。"后者当然就是蒋宋的婚姻了。

一桩旧案

一

我一度以为手里的这本书是"非法出版物"。

在大陆,出书都是要书号的,书号就是书之合法性的依据,反过来推,凡无书号者,就应属"扫黄打非"之"非"了吧?起初我就是这样定性的,后来对照《出版管理条例》,发现非也:只要不公开发行,不以营利为目的,就不在"非法"之列。比如为了纪念某个逝者自费印刷的书,图书索隐上会标为"自印本"的,即绝无被查处之虞。《纪念顾诚》就是这样一本书。

它的非正式一望而知。封面上除了烫了金的陈翰笙老人题写的书名之外,光秃秃再无别的,出版单位、编者、作者,一概没有,装帧设计之类更是根本无从谈起,封面用的就是现在研究生打印毕业论文用的那种厚纸,就着那颜色,彩印都不用了。如此其貌不扬的一本书勾起我的兴趣,主要是因为"其中有人",更确切地说,是因为里面涉及到的事。

起初眼里扫到书名时,我以为被纪念的人物是"朦胧派"

诗人顾城，闪过的念头是：顾城当年是杀妻后自杀，关于顾城之死，颇有些议论，同情、谴责皆有之，是不是不允许这样的纪念，亲朋好友就私下先行自费出了这么一本书？当然，翻开来就了然了，此"顾诚"非彼"顾城"。这是一个只存在于少数亲朋好友记忆中的人，读者诸君肯定是闻所未闻，因他1945年即离开人世，一个普普通通的大三学生，死时只有二十五岁，"立功""立言"都还谈不上。半个世纪后再来纪念他（书编在1996年），不能忘怀的亲情友情之外，最重要的一个原因，是顾诚死得冤。

这就要说到他的"事"了。简单地说，顾诚是中央大学化工系的学生，品学兼优，大受师生赞赏。抗战时期，不少大学生从军报国，中大学生中也不乏其人，其中就有与顾诚同寝室的王煦中。王给美军当翻译，抗战胜利，王复员返回学校，之前美国军官以一勃朗宁手枪相赠。这支枪被带到了中大宿舍，一日，同室另一室友邱鸿基摆弄这枪，适值顾诚从图书馆回来，欲取碗筷往食堂吃饭，邱吓唬他，举枪作势瞄准且扣动扳机，谁知子弹是上了膛的。一声枪响，子弹射入头部，致使顾诚当场死亡。

一个年轻的生命就这样毫无征兆却无可挽回地从这世上消失了，——真正是飞来横祸。事后对于玩枪走火伤人这一点，众口一词。但枪在谁手这一点上，却有两种说法，肇事者邱、王等人均坚称枪是邱拿给顾玩，而二人均不知枪已上膛，顾走火饮弹身亡。

恰是这说法，引发了一场不小的风波。

二

顾诚是个普通人，历史上普通人的消失注定是无声无息的，——在后来人那里，"顾诚"只是一个抽象的、过目即忘的名字。然而对顾的亲朋好友，他却是一个活生生的人，倘若半个世纪后纪念他时仍有余痛，那在当时飞来横祸就更是不可接受的。偏偏肇事者为逃避责任说谎，震惊、哀戚于是一变而为群情激愤。

从事后的记述（包括当时的文字和半个世纪后的追忆），众人的愤怒主要有两个对象：校方、肇事者邱鸿基。后者与顾诚原是舍友，关系不错，事发后不知所措，照有些当事人的描述，他是在枪主暗示后才改口说顾是自伤。枪主究竟出于何种动机要扯谎，姑置不论，邱某若是捏造事实，其心理逻辑亦不出"趋利避害"四字。然而本能的反应可以被理解，歪曲真相却无论如何是不可原谅的。邱某的人缘似乎并不很坏，事发后大多数人的态度是，两人都是同学，死者已矣，痛惜之余，都觉不必过分为难无意中惹出祸端的另一同学。顾家人最初也无意追究，乃是因被邱的逃避责任激怒才一纸诉状告到法院。

前面说"若是"，实因邱某的一说也有人作证。事实上，法庭究竟采信了哪一说，从判决中看不出来，审判主文为：邱鸿基因过失致人于死，处有期徒刑一年。王煦中未受允准而则持军用枪炮子弹，处有期徒刑四月，缓刑二年。——不论是枪在谁手里，交子弹上膛的枪于顾手中，邱都有"过失"

吧？邱在法庭上也说："没有我顾诚不会死，所以我应该负责。"他且称有位律师自愿为其辩护，被他谢绝。蹊跷的是，当时在场的目击者一个也没出庭作证，一方面是碍于同学情面；即使那些为顾诚抱不平出庭作证的同学也不无委婉地说："我们应该悼念顾诚同学的惨死，可是我们也不忍失掉任何一个活着的朋友。"另一方面则因"中大环境太复杂"（一位不愿出庭只愿意写证明信的学生如是说）。所谓"太复杂"可能是指当时的舆论压力：人死为大，舆论显然是站在死者一边；更可能指的是校中的国、共之争，在这一事件中的立场某种程度上被视为左与右的站队，亦未可知。——在高度政治化的氛围里，就事论事往往不大可能。

愤怒的另一对象是校方。事发时校方似乎出于维稳的考虑想大事化小小事化无，如是顾自己玩枪致死，校方显然麻烦较少，故校方更情愿邱说属实。其后对顾的家人并无安抚之举，其他方面也近乎不作为。学校训导处禁止张贴与该案相关的传单且将民主墙上传单尽行撕去，则更令学校当局成为众矢之的，顾诚的棺材在校门前停放了多日，不断地有人吊唁，这也是对校方的某种抗议吧？

三

大后方的几所名校中，西南联大有"民主堡垒"之称，中央大学则较为保守。我熟识的一位老先生曾对我说起过这一点。她从西南联大转到中大借读，她的一位先在联大后到中大任教的老师就告诫说,这里不比联大,说话不可如在那边的随意。蒋介石当过校长的地方,国民党的控制甚于别处,也是意料中事。当然,学生运动一直是中共统战工作的一个重要方面,学校因此也成为政治角力的一个场域。

顾诚事件中,学生对校方的愤怒很快指向校中一些有特权的人物。邱鸿基在法院判决后,学校并未对其有任何处分,这令很多学生怀疑到他是否有背景(类如"李刚的爸"?),而指责学校的管理则道出了学生对国民党的不满:民主墙上的多份传单颇多对堂堂学府竟允许携枪出入的质疑,《新华日报》上刊出的一封读者来信称:"学校里总有一部分特殊人物藏匿着武器,同学们时时受着威胁。恐怖驱除了热情与自由,只剩下特种人物作威作福,无恶不作。学校当局放纵他们,从不追问藏匿武器这回事。"明眼人自能看出,所谓"特种人物",指的是国民党派入学校的便衣特务。另一篇评论文章则说得更明确:"平常那些身带手枪的特字号人物,在学校里一向横行无忌,同学们说句话,他们干涉;开个会,他们捣乱;出张壁报,他们撕毁。尾随侦伺,同学们真是日夜惶惶,一不小心,就可能失踪甚至丢掉性命……现在,政府已允许取消特务机关,我们迫切期望立刻见诸实行,而首先应当把那些学校里的特务撤销,不再贻害青年,糟蹋青年。"

尽管重庆《新华日报》连续报道此事,且措辞严厉,直指国民党的特务统治,从当时报道及后来的回忆看,似乎没人将顾诚之死本身上纲上线,至少对"真相"的究诘并未让人怀疑有国民党在幕后操纵:不论别人误伤或自己误伤,都是一次意外。这也是我在半个世纪后的一篇悼念文章中看到"我们十分悲哀,十分痛恨国民党的倒行逆施"(隐然有将此事归于政治之意)等语感到困惑的地方。或许这是因于顾的身份(时为中共地下党员),再加多年的泛政治化叙事逻辑推导出来的吧?究竟如何,却也不知。

我感兴趣的还有从书中得到的另一些信息,比如,顾的同学当时就为顾出了纪念册,刚接任的中大校长吴有训题词"长才未竟"(可以算是校方的某种表态),联大校长蒋梦麟则为纪念册题写书名。此外就是肇事者邱鸿基的下落:1950年他从四川被招聘到鞍钢,镇反时被逮,罪名是在中大学习期间枪杀地下党员。他被判有期徒刑三年。衡以建国后严酷的政治形势,他应该算是幸运的,——不是吗?

钱穆酷评

"留纸尚多"

与正经文章相比,书信可以比作文字的清谈。清谈并非就没正经,只是谈论话题的方式有异,正经中亦有一份随意。论学的书简与名士派的尺牍比起来,因是重在讨论问题,或者闲笔无多,偏于严肃,但较正经文章更见其人。又以对象常是关系密切之人,往往无须多言,正经文章中起承转合的交代解释尽可免去,有话不妨直说。如是论学一类的书简,就满纸是金针度人之语了。喜读《论学谈诗二十年:胡适、杨联陞往来书札》《闲堂书简》《殷海光林毓生书信录》等书,就是以此。印象特别深的还有钱穆与余英时先生的通信,只恨限于体例,《钱穆与现代中国学术》一书里只是作为附录收得三通,且有来言无去语,不免意下未足。

其时余英时正在哈佛念书,第一信是针对他一篇论文初稿的讨论。洋洋数千言,钱穆乃是"竭半日之力"写就。提点与指示就不用说了,反正与现今高校里教授评审博士论文亦能一挥而就的范儿相比,的为两事。有意思的是,具体的意见写完了，老先生意犹未尽，却拿纸说事儿，道："此函本拟仅写一纸，刻已转入第二纸，所欲言者，大体已尽，而留纸尚多，与弟面谈之机会，或暂时不易得，故再略作题外之讨论。"所谓"留纸尚多"，不知是指那一纸上尚有许多空白，还是写信时预备下的纸还有多张未用，倘是前一情况，此话就不"属实"：参照余书中所附影印书简手迹，虽非八行书亦只九行十行，钱氏的字绝对小不了，写满一纸也只一百多字，后面因"留纸尚多"而多出的部分则有一千五百字上下，几占全信之半，留纸再多也决计塞不下，——总要再有十来纸才够。若是第二情形，则可证"当竭半日之力"之说言下无虚，老先生的确是打点起十二分精神来写此信，信纸一叠，早早备下。只是如此理解，信中所谓"刻已转入第二纸"也还是问题，因为写到那里已经有近两千言下来了，"一纸"哪里写得下？

捉摸这微末之处，当然不是以为其中藏着什么玄机，也不是暗示钱老先生行文，偶或也有"故作摇曳"处（信中钱氏曾对陈寅恪文风下此考语），只是觉得有趣罢了。犹记文人书信中，多有"不能已于言"而拿纸说事儿的情况，——可视为文章起承转合的一部分。总之关乎文章，没有名堂。不管为实为虚，对于有意思的人，我们倒希望"留纸尚多"的情况经常发生，否则像钱先生后面那样的精彩的议论，没准我辈就不能得而与闻了。

"故作摇曳"

儒家讲"温柔敦厚",月旦人物,多只"臧"而不"否"或多"臧"少"否"。钱穆显然是有儒者风的学者,晚年回忆录《师友杂录》中对众师友固多褒语,即如性情不合学问殊途的胡适,虽述二人交往不无暗下针砭处,也还是多讽而婉。但公开场合是一事,私下里又是一事。他对陈寅恪的治学不以为然,似未见有公开的议论,给余英时的信中就直言无隐了,而且话说得很刻薄,以今语喻之,则绝对是"酷评"。

钱穆以文之高下给太炎、任公以降的学者排了个座次,陈寅恪并非位居其末,按提及的顺序,至少后面还有一个胡适之。但几尽为贬语的,唯有陈寅恪,因谈论最多又是针锋所向,读起来似一番评说,结穴处乃在贬陈。且将相关内容抄点在下面:

> ……又如陈寅恪,则文不如王,冗沓而多枝节,每一篇若能删去其十之三四方可成诵,且多临深为高,故作摇曳,此大非论学文字所宜。穆前读弟讨论陈氏所作关于《再生缘》一文,甚为欣赏,当时即觉弟不仅能发表陈之内心,即弟之行文,亦大有陈氏回环往复之情。然此种文字,施于讨论《红楼梦》《再生缘》一类,不失为绝妙之文,而移以为严正之学术论文,则体各有当,殊觉不适。

也算是事出有因:他觉高足文章风格颇似寒柳堂,期期以为不可，自然要轨之以正。头一次看到"临深为高，故作摇曳"一语，特别是后面四字，忍不住想笑，因为想不到钱穆会这样形容陈寅恪，"故作摇曳"让人联想到忸怩作态、有意低徊之类，一般人读寒柳堂著述，恐再不会作此想。但钱穆下此四字时并非游戏心态，甚且平常心态也没有，反倒是厌憎之意，溢于言表。后面对陈文的"回环往复之情"看似嘉许，但既然他对以诗歌、小说证史的路数不以为然，讨论《红楼梦》《再生缘》算不得一等的学问（"严正之学术论文"），那所谓"绝妙之文"的称道，也只是赞"雕虫小技"之臻于极境罢了，——却终是小道。

非常之人，常有非常之论。非常之论，也许包含着偏见，与常人所持偏见不同处，在常人往往有"偏"无"见"，高人则"偏"之外必有"见"。钱穆对陈寅恪持论严苛，肯定是"酷评"，却绝对不是"妄评"，就因为他的"酷评"有所"见"。证据是，不单"回环往复之情"将陈氏文风道个正着，即或"故作摇曳"四字，也未尝不可看作对陈文曲径通幽的某种把握，只是给出的是负面的评价而已。他在给余英时的另一信有言："窃谓治学，门户之见不可有，而异同、是非之辨不可无。"不妨把钱穆的酷评视为他在以自己的方式做"异同、是非之辨"，其评再"酷"，无伤陈寅恪文章之为一流文章，反过来说，纵然怀有偏见，那也是大家的偏见。

排座次

传统的治学方式,强调"文史不分家"。你当然可以说这里"文"指"文学",但相对于今日的定义,过去"文学"的覆盖面要广得多,几可包罗一切的文字书写。"言之无文,行之不远",从史的一面去说,某种程度上,也可说写史亦必牵涉到写作的艺术。唐德刚自谓治史有"十六字真言":"六经皆史,诸史皆文,文史不分,史以文传",后八字竟有拿"史以文传"解"文史不分"的意思。此种对"文"的强调未必能获一致认可,但过去的史家"考镜源流,辨章学术"往往含着对于文章体式、文字风格的把握与体认,而史学大家经常就是文章高手。用钱穆的话说,则"未有深于学而不长于文者"。

钱穆在给余英时的信中道:"鄙意论学,文字极宜着意修饰。"他所谓"着意修饰"当然不是镂红刻翠,雕琢章句,即在俗所谓"文采"上下功夫,而是指对一种相宜的文体的把握运用。像他那一辈学人大都在为文之道上下过沉潜含玩的功夫,否则钱氏也不会认定余的才性"近欧阳,不近韩柳",且下"韩柳境界万不宜忽,欧阳不从韩入门,断不能成欧阳"的断语。有意思的是,钱穆对当世学人的治学路径固然了然于胸,同时学问也作文章看,他在信中甚至排了个座次(主要是史家),——不是从"史"考量,乃是从"文"着眼。虽然里面也含着他对各家治史路径上的取舍,且评骘实亦超出所谓"考据、义理、辞章"中之

"辞章"之外，然座次毕竟是从文体风格的辨析中来（他自称是"专就文辞论"）。

排在第一的章太炎。钱穆称其"最有轨辙，言无虚发，绝不枝蔓，但坦然直下，不故意曲折摇曳，除其多用僻字、古字外，章氏文体最当效法，可为论学文之正宗"。

坐上第二把交椅的是梁启超："梁任公于论学内容固多疏忽，然其文字则长江大河，一气而下，有生意，有浩气，似较太炎各有胜场。"

第三是陈垣（援庵）："其文朴质无华，语语必在题上，不矜才，不使气，亦是论学文之正规。"

陈垣以下，钱穆还提到了王国维、陈寅恪、胡适诸人，却不知其先后，甚且也不宜以排座次看了，因为多有负面议论，其中唯对胡适，稍有网开一面之意："胡适之文本极清朗，又精劲有力，亦无芜词，只多尖刻处，则是其病。"对王、陈二人，则已不是"有微词"所能喻，"王静庵为文有大可议处"，陈寅恪更等而下之，"文不如王"。

钱穆的排座次当然不比现今时见可以八卦论的种种噱头，其中有他于不同文体风格的拿捏，其衡文的标准亦可推想。如果可将文章分为学者之文与文人之文的话，他当然是推崇前者不屑后者。以我们的眼光看，王、陈都是典型的学者之文，然与他所举其他诸人相较，王、陈又似"文人"一些。他所褒扬者，大体上都甚明畅，要皆"质木无文"，以他之见，相比起来，王静庵，特别是陈寅恪的"故作摇曳"，就近乎文人为文的"踵事增华"了。

冯友兰的大手笔

冯友兰为西南联大写的纪念碑文是一篇震烁古今的大文章。有人这样评道:"此文有见识,有感情,有气势,有词藻,有音节,寓六朝之俪句于唐宋之古文。"

你道"有人"为谁?——是冯友兰自己。晚年追忆平生,撰此碑文乃是他平生一件得意事:"余中年为古文,以此自期,此则其选也。承百代之流,而会乎当今之变,有蕴于中,故情文相生,不能自已。今日重读,感慨系之矣。敝帚自珍,犹过于当日操笔时也。"妄人的自话自赞,看了让人发笑,真有本事的人,偶或不自谦地 high 一下,那是性情显现,我们也跟着 high。

事实上冯友兰的文章早就受到推许,试想西南联大那样一个文人墨客汇聚的地方,放着闻一多、朱自清、钱穆、刘文典一干人,若不是早有文名,也轮不到他来做。冯友兰以哲学家名世,但他那一辈的人早年都有很好的文言文训练,如他自言,中年后他又揣摩精研古文,且在这上面有"自期",这才写得一笔好文章。不仅是文言文,他的白话文章简洁畅晓,也足以让大多数新文学家汗颜,读《中国哲学史》

便知。纪念碑文和这部书，一文言一白话，都是大手笔。此所以李慎之在冯友兰去世后的悼文中，于高度评价他的学术成就之外，特别提到他的文章，以为足为中文写作能力弱的人师法："冯先生是一个运用语言的大师，在以白话文写哲理文章方面，其才能可以说是冠绝一时。冯先生的书特别好读，已是学者的公论。因此读冯先生的书不但可以了解中国哲学的精华，而且可以学会做文章的本领。"

不过冯友兰先生对自家文章，最自负的恐怕还是他的古文。《中国哲学简史》、"贞元六书"虽戛戛独造，与时下枯燥无味的学术论文全为两事，却毕竟是学术论著，不能将"见识""感情""气势""词藻""音节"等诸多文章之美发挥尽致。碑铭、陈情表之类的文章则古来就是高手驰骋、能见高下的文体。此处说到"陈情表"，盖因西南联大纪念碑文之外，1943年冯就时局上书蒋介石的陈情书，也被推为"当代大手笔"。其时西南联大国民党员教授会议要给蒋介石上书于时局有所建言，公推冯友兰执笔。冯文写就，众教授读罢均大为称赏，雷海宗且对冯说："即使你写的书都失传了，这一篇文章也可以使你不朽。"信中肯定有立宪的要求，据说蒋介石看后"大为动容，为之泪下"，甚且有推行立宪之意（参看《冯友兰先生年谱初编》）。——是不是读书人的一厢情愿，不得而知，此陈情书的情理俱到，言辞恳切总是可以想见的。

说"想见"是因为，这样一篇至文，居然失传了。

文章之用

冯友兰是大学者,学者首在"立言",即成一家之言,中国文化传统常将"道德""文章"合而论之,至少是并重,"言"不立在"德"的根基上,就"无以立"。尽管对冯先生文革时的行为多有指责,大多数人还是以为无碍大德,追忆文章则大都盛称其"道德文章"。他有"帝王师"思想却行之不远,故他"立功"一项上少有人提及,——比之"立言",他的"用世"的确也是小焉者。这里所谓"立功",说的是他掌清华文学院二十余年。何炳棣在回忆录中不表学术成就,独将冯友兰的行政才干挑出来议论,可说是言人所未言。

冯是北大出身,与清华素无瓜葛,北伐成功后北大出身的罗家伦走马上任,被国民政府任命为清华校长,他即从燕京大学将冯延揽入自己的班底,初为秘书长,旋即转任文学院长。其后清华屡有学潮,校长走马换将,冯却屹立不倒,至梅贻琦掌校政,更稳居其位。在讲究门户的学界,他何以能够如此?何分析说,一是"头脑冷静,析理均衡,明辨是非,考虑周至";二是"深通世故,处事和平中庸,而观点进步,学术上有高度安全感"。最有意思的是第三条:"国学根底雄厚,文言表达能力特强,初则勇于起草,继则众望所归,经常被推执笔。"这当然是说他做得一手好文章了,然则好文章与行政能力有何关系?

何氏分析说,"但凡任何政治或学术会议,意见纷纭,发言者众，愿做综合报告者寡，凡执笔者都是最干练'得力'之人。冯友兰在清华及联大正一贯是'得力'之人。"钱穆回忆录中述联大文学院初设蒙自之际，北大师生开会议论清华事事"有偏"，"如文学院长常由冯芝生连任，何不轮及北大如汤锡予，岂不堪当上选？"何炳棣于此即直斥为书生门户之见，谓钱"全不懂三校事务之繁巨与椠椠干才之难得"。——想想也是，文学院长并非荣誉职位，单是"案牍劳形"的报告、决议之类的草拟，即恐非常人能及，亦非常人所愿。此类文字并非学术文章，苦劳多多而未必有功劳，名教授或不屑一顾，做出来亦很难讨好。事实上古文名篇里多有"应用文"，官府里的高级幕僚也多是此中高手，只是现代社会中，已是不被看重，在高等学府里恐更是如此，但却必不可少，甚至还很重要，愿意且善做此类文字，也就是"任事"的一方面了。冯友兰不但担了这样的活儿，且做成皇皇大文，当然是不仅"任事"，而且有助于服人。看他草拟的联大教务会议反对教育部新规的公函，一面是慷慨言事，一面是婉转陈词，真是一篇妙文。

当然这背后是大学的独立性，若今日之大学于教育部，也只合"等因奉此"的官样文章了。

齐白石课徒

　　大概一直在教书的缘故，有时不免对别人上课有一种职业性的关注。现在的情形都是知道的，大体是一回事：往讲台上一戳，讲就是了。方式不过是有人只顾讲，有人板书多些，或者新潮一点的，辅以PPT，又或中小学或技能训练类的教师，让学生练习、答题时多些，如此而已。我好奇的是过去，比如民国年间，新式学校已经取代了私塾、书院，上课却无一定之规，课堂上风光自然不同。章太炎三十年代北大讲学，钱玄同、吴检斋、刘半农、马幼渔等六弟子簇拥着上台，而后一字排开站好，整个像是元帅升帐，刘半农与钱玄同一板书一翻译（因章的方言北人不懂），二人拿不准处还互相商量而定，由着老师自顾自讲下去，那场面定是有趣极了。

　　这段逸事常被说及，当作佳话。弟子执礼甚恭，然取演讲的方式，与老派的课徒还是不同。此处所说齐白石上课则是日常的情形，更多"课徒"的意味，——当然也是因为教的是绘画，原本就有师傅带徒弟的性质。

　　北平沦陷前的几年里，齐白石受聘国立艺专。他的教法是每次带一张得意之作，用夹子夹住挂于讲台上，让学生照着临摹。偶尔到学生座位上看看，遇不惬意处指点一二之外，他就坐在教室前面的太师椅上休息。学生若有问，则亦答上一两句，要言不烦，端的是"小叩小鸣，大叩大鸣"，不叩差不多也就不鸣了。据说他坐在那里，态度和蔼，神色却威严，不由你不认真临摹。大约以他的名声，以他的年纪，在着也就威镇全场。

其时齐白石七十上下。有意思的是他每来上课都由夫人相伴。通常来上课，都雇两辆黄包车，自乘一辆在前，夫人胡宝珠坐一辆在后。车到校门前甫一停下，即有一校役上前搀下送入校门，再由夫人扶着步入教室。教室内讲台一侧特设的一张太师椅课前就摆好，那是校方的礼遇，别处就没有。

这些都是从回忆文章里看来的，我想象不出来，夫人往哪儿坐，夫人来是陪侍，总当在场吧？最好玩的是，冬天天冷，两人围炉取暖，有时还会烤白薯吃。那场面，课徒的端凝之外，似又有一份家常的风味了。

齐如山"不由恒蹊"

在大陆，绝大多数人知道有个齐如山，应该是影片《梅兰芳》上映以后的事。片中孙红雷饰演的邱如白，原型便是齐如山。说陈凯歌把齐如山弄得像梅兰芳的跟班，有点夸张，不过撑死也就是个经纪人兼艺术指导吧？总之是罩在梅郎的影子里，——伶王的传记片，似乎也只能如此。事实上齐如山的世界里当然不止一个梅兰芳，甚至也不仅仅是"国剧"。七八年前花生文库推出"齐如山作品系列"，收入齐氏著述不下十种，从《中国的科名》到《华北的生活》《北平三百六十行》……这还远不是全部。在台湾，他被尊为"国宝"级的人物，台湾"教育部"颁发的第一届学术奖金，他也是得主。

张其昀归纳其成就，分为齐作为"革命家""史学家""艺术家""文学家"的四个方面。这里面"革命家"不免夸大其辞，——是指清末革命党人刺杀满清大臣良弼，齐曾以其做生意的义兴局作为活动据点，算是早年生涯中富于传奇色彩的一笔吧。"艺术家"则重在他为梅兰芳编的二十多出戏。"文学家"指其著述文辞生动，颇富文学色彩，可视为有风格的散文家。"史学家"当然是指他大量的民俗学、社会学著述了。

写戏只在其生涯的早期,"革命家"当得也比较业余,贯穿其一生,尤其是后半生致力者,还在著述,其中京剧的研究方面的成就固然得到公认,他如方言土语、民俗人情,他都有过研究。所以齐如山的"身份",首先应该是学者。只是他这个学者颇为"另类",就像沈从文的服饰研究、王世襄的明代家具、鸽哨、葫芦之类研究很"另类"一样。学者是做学问的,何为学问则是被各时期的"学界"定义的,在现在便是学院。"学问"讲究的是师承,有师承必有门派、门户,所谓"科班出身"。齐如山受的训练,一在家里,博习古代经典;一在京师同文馆,大体就是外语,与他日后治学,全不搭界。他所研究者,不拘谚语、土语、零食、三百六十行,即使是京剧,在当时也很非主流,到今日,能否被核定为学问,也还是问号。

晚年总结平生治学,齐如山给自己下了"不由恒蹊"的考语。他的独辟蹊径不仅在研究对象上的人弃我取,而似乎更在他的旁门左道的路数,即与其重书本,宁重活的材料,以他之见,"纸上得来终觉浅",读懂社会方能参透典籍。即使研究经史,他也不在书本中搜求,而要"在社会中求之"。这便是他的"不由恒蹊"。故别人的学问多从故纸堆里,他那一套学问则是从与三教九流各色人等的接触中来,张其昀说他许多著述属专门的社会史,书中"都是鲜活的事实",有如"凤鸣高岗,自开户牖",也就是自然而然的了。如称他是个独树一帜的史家,那他记述的,就是活的历史。

"勾心斗角"淘旧书

一

对于在民国时代生活过的许多人说来,北京是个可堪怀旧的地方,对读书人尤其如此。1979年我第一次进京,面对的已经是一个新北京,而且我是奔着"祖国的心脏"去的,自然嗅不出什么旧的气息。隔年读到邓云乡先生《鲁迅与北京风土》一书,"旧京"对我才算是拉开了帷幕一角。后来又读到他的《文化古城》,书中于上世纪二三十年代作为文化之都的北平致意再三,更让我领略到那个读书人黄金时代的北平的特殊氛围。

民国时的北京真是个有意思的地方:她是新文化的策源地,生活方式上却颇多传统的气息,思想上的新潮与日常生活的守旧有一种混搭的意味。"京派"与"海派"的对立,若落实到日常生活面貌上去,未尝不可描述为老派与新派的差异,——"京派""海派"之分,和生活方式也是有关联的吧?

与其他方面相比,书籍在读书人生活中举足轻重。不夸张地说,淘书构成了彼时北平读书人日常生活的一项重要内容。买书、淘书，那个时代于读书人均属题中应有。彼时北平的特别处是广泛参与的淘旧书。其中的主力，应该是高等学府的教师。这须有几个条件，一是有许多旧籍可淘，二是淘书的人得有闲钱。北京明清到民初，几朝帝都，人文荟萃，社会转型之际，又是旧籍流通加剧的时候，货源不成问题。新式教育方兴未艾，高等学府任教者收入不菲，教授月入两三百大洋，以当时的币值，生活相当于今日的高级白领。还有一条，虽然新式教育的方向是往实用里去，因于传统，彼时文科在高等学府里仍是举足轻重，与理工之比亦远不是后来那样，而恰是从事人文社科研究的学者，成为旧书店最大的主顾。

因缘际会，京城就有了那样一种氛围，以蒋廷黻在回忆录中的话说："任何一位学者，一旦到了北平，就会染上搜集旧籍的癖好。这种癖好很有传染性。"翻看文人学士的书信日记，会发现里面相当多的笔墨都涉及旧书的买卖，回忆文章中也多有这方面的记述。像邓之诚这样的藏书家、精于版本目录的人不必说了，著名学者文人中，不论治旧学新学，都不会当旧书的袖手派。固然有治学的需要，同时也是一种习惯，——当是他们的"生活的艺术"的一部分吧？

旧书铺扎堆的琉璃厂因此成了一个特别的地名，周氏兄弟、钱玄同、邓之诚、钱穆……都曾是常客。文名渐著，地位渐高，成为较大的买家之后，则又是一种待遇：书商自会送书上门供挑选。按邓之诚的日记，夸张点说，书贾上门几无虚日。蒋廷黻在清华掌历史系的那阵更有意思：逢周三是他的接待日,九点至十二点,琉璃厂的书商各携要卖的书在走廊上排成了行,静候他一一过目。

二

不管是逛琉璃厂还是在家在办公室守株待兔,有一条是一样的,便是和书商斗智斗勇。并非"无商不奸",有好几位书商都因和文人学者的良好关系而被忆念,衡水书商郭纪森更因其古道热肠、勤谨忠厚而被洪煨莲、邓之诚等名家视为"书友"。但一般情况下,在商言商,书籍既有商品属性,定然划下买家、卖家的道儿,讨价还价,自不可免,超脱地看,也是一场猫和老鼠的游戏。

学者们搜罗的旧集俱为各种善本、抄本、稿本,断无"定价"一说,端的是一书一价,都是面商。掂量拿捏价位,至关重要,蒋廷黼的办法是干脆将书商招至校中图书馆,有想要的书送图书馆当局审查、估价。估价后少不得还要讨价还价,只是心中有数可加参酌了。邓之诚买书特多,日记中所记尤详。钱穆晚年作《师友杂忆》,也还不忘一提当年与书商的心理较量。邓之诚的日记是"现在进行时",难有那份超然,且他是记聚书事最详的,以合理价格得一想得之书,心中欢喜;遇书贾居奇索价,价昂不能致之,则忿忿切齿,煞是有趣。

文艺复兴初期,薄伽丘的时代,佛罗伦萨人对古希腊罗马的残篇断简大为热衷,得一残书,可以夸耀于人,北平城里的搜旧书或无那样的热闹,其意亦不在好古复古,然群染"搜书癖"的氛围中,占得先机搜来好书,也足以傲人。既然所搜者多无"复本",同一目标众目睽睽,"勾心斗角"事即不仅在卖家与买家之间,同时也在觊觎同一书的读书人之间展开。

某日国立北平图书馆馆长袁同礼约蒋廷黼往一私人藏书家家中挑书,二人在那里盘桓了一小时,心中各打小算盘,以蒋的话说,"我监视他,他监视我",想来是深恐对方有所发现而为自家错过,又要防着对方下手。袁问蒋对哪方面的资料感兴趣,蒋正在研究中国近代外交史,觅得两小册,一为《文祥年谱》(文系清代外交界的重量级人物),另一涉及鸦片买卖,俱以相告。道出后看袁对二书似皆不甚有兴趣,心中窃喜,以为无竞争者。心中虽喜,却怕打草惊蛇,不动声色与袁一同出来,待觑得袁走远后才又兜转回头。谁知半小时后回到那里,书主却告知袁已捷足先登,将二书买走了。

这一类"勾心斗解"的趣事委实不少,相互之间别苗头,什么"欲擒故纵""指东打西"之类的招数无师自通都用上了。书虽为袁所得,蒋若借观,想来不难,当时怏怏,方便之外,还是占有欲的"癖"作祟罢了。

传播的法则

在信息的传播上,"劣币驱逐良币"的铁律是否一定有效,我不知道。有句俗话道是"好事不出门,丑事传千里",似乎是民间总结出的传播法则,但所谓"劣币""良币"在信息上涉及的是真与假的问题,不在于为"好事"为"丑事",信息公开的社会里,我还是对"良币"怀有信心。

当然若是事涉旧闻,特别是"姑妄言之,姑妄听之"带有八卦意味的绯闻逸事之类,则又当别论。以现今"解构""颠覆""祛魅"高唱入云的年头,似乎是"丑事"更易被相信,更有市场。但也不尽然,否则就无法解释,何以许多的佳话仍广为流传且被制造出来。在我看来,这里的关键不在"好""丑",而在有无戏剧性,有"故事"则即使将信将疑乃至于不能相信,人们也乐于拿来做"拍案惊奇"的谈资;不论"好""丑",平淡无奇到"嘴里能淡出鸟"来,饭后茶余,说它作甚?比如说陈寅恪为人端谨,不苟言笑,当然无可说得;倘发露他的艳事,甚至挖出他有窥淫癖来,那就该有"拍案惊奇"的价值了吧?

前些天有个熟人就一惊一乍地告我,陈寅恪年轻时放荡得很啊，——说他当年在欧洲经常花钱偷窥各种性交。而且言之凿凿，说《吴宓日记》里就写着。以我对人性的态度，我不认为像参观参观阿姆斯特丹红灯区类那样的行为涉及到人品问题，只是我觉得那不大像陈寅恪，吴宓在日记中虽不吝抖落自己的艳想绮思，以他对陈的敬重，似也不会有这样的记载，我读时就一点印象没有。熟人坚称不会有错，"维基百科"上白纸黑字嘛。也是好奇，便上网上一搜，果在"色情"条下的"轶事"栏里看到这么一行字："《吴宓日记》载：陈寅恪在巴黎求学时曾隔墙窥视男女交欢，"男与男交，女与女交，人与犬交，穷形尽相。每观一次，需钱凡三佛郎。"网上词典、百科常弄出些无头案，好在还有《吴宓日记》可查——还真让我给查到了，上下文里是这样："是夕，因见衣肆玻璃橱上裸体美人之招牌，因共论西洋风俗之坏。陈君述其在法、意两国之经历。其最骇人者，如巴黎之裸体美人戏园。秘室之中，云雨之事，任人观览。甚至男与男交，女与女交，人与犬交，穷形尽相。每观一次，需钱凡三佛郎。陈君谓，到此地步，如身游地狱，魔鬼呈形。只觉其可惨可骇，而不见其可乐。"

——两相比照，"维基百科"上的"踵事增华"整个牛头不对马嘴。居然也有网文当作一则佳话，而有"爱看淫书淫画的名人，在我们面前更加显得洒脱而真实"的赞叹。寅恪先生何辜？他老人家要洒脱也不是这般洒脱法。

继续《搜索》

有人说《搜索》是陈凯歌的"翻身"之作，这话听上去好像陈导一直苦大仇深的样子。至少媒体的报道中，他拍每一部片子都在憋着劲打翻身仗，紧绷到要抽搐的程度。我是希望陈导拿出力作的，就为他曾经达到过的高度，也该有这份期待。所以尽管经常失望，有新作出来，还是去看，这次也不例外。我不知道这次算不算翻了身，不过至少那种拿足架式的莫测高深没有了，——一个很现实很敏感的题材，对接起来不算困难。

这样一个题材，自然会触碰到网络暴力的话题，而网络暴力实际上乃是蠢动于人群中的暴民倾向的显形，搜索故事在银幕上展开的同时，陈凯歌希图完成的是对国人行为密码、心理暗疾的一次搜索。他的野心在影片的前半部分有较清晰的展现，叶蓝秋找保姆一场戏中，我们从围观、斥骂叶的汹汹人群不难看到虚拟世界中的暴力与现实中的暴力如何同源共振，连作一气。这里的暴力之所以为暴力，人们所依凭的道德尺度的对错尚在其次，关键是那种干预他人生活的强烈冲动，——视践踏他人权利为天经地义，其本身就具有某种攻击性。我想陈凯歌想让人们看到的，也正是这一点。可惜陈凯歌像在《梅兰芳》等片中一样，到后半部就松懈下来，陷入迷茫之中。叶蓝秋的故事进入到某种类于冯小刚式言情戏的模式，即在一个封闭情境中酝酿一段阴错阳差的爱情。叶、杨二人情感戏的处理不失细腻，心理铺垫也还过得去，问题是，这部片子并非旨在言情。

我尤其不能接受影片那个曲终奏雅的结尾：莫小渝选择了出走，给我的感觉是，她还不是一怒之下，乃是觉悟了，像一个现代版的娜拉，这真是非常非常的"励志"，虽说不大靠谱，更像是导演在"弘扬正气"。而对全片更具决定意义的，当然是叶蓝秋之死，她给杨（也是编导给世人）的遗言——"活好每一天"——让她定格为一个凄美的形象，一个苍凉的手势。这个结局像《与你同行》中的最后一幕同样的煽情，不妨视为另一意义上的"大团圆"。观众可以带着温情心安理得地离开：叶蓝秋死于绝症，与我们无关，早先的万众声讨没错，因声讨而获得的道德满足仍然成立，因被陈若兮们误导造成了误伤，罪在误导者，可在新一轮的声讨中纠正，道德满足仍可继续下去，而作为误伤的对象，我们对叶蓝秋会以加倍的痛惜回护来补偿，这种痛惜同时再度证明了我们的"性本善"。总之，我们立于不败之地，总是有理。——至此，影片原本应有的反讽稀释到几近于无。

不管陈凯歌在片中做怎样的处理，搜索在继续，网络暴力的闹剧也还会继续上演。我设想的一幕是：陈若兮、杨守诚旧情未了，有重温旧梦之意，鉴于两人在叶蓝秋事件中已成公众人物，此事在网上传开，此时叶、杨之恋已成神话，人皆视杨的旧情复燃乃是对叶的背叛，是对众人心目中美好感情的亵渎，陈若兮则早有"前科"，于是又一轮轰轰烈烈的声讨在网上展开……

王福的作文

王福何许人？——以中国之大，"王"又是大姓，叫这名字怕是十万都不止，此处说的却并非实有其人，而是阿城小说《孩子王》里的那个，一老实巴交的孩子。

阿城何许人？九〇后的孩子未必理会得，他也早就不写小说了，不过相信年纪大些的，都还记得他的"三王"（《棋王》《孩子王》《树王》），我一直是阿城的粉丝，更不消说得。《孩子王》的故事很简单：知青"老杆"交好运丢了砍刀锄头去教书，中学未毕业教起初三的学生。嫌教材内容空洞老套，他自作主张撇开课本教学生老老实实认字作文，事为上面知晓，于是乎丢了美差，被发落回去种地了。就这些。

梗概式的复述当然传达不出小说的妙处，我这些年来时常想起，也不单是因为阿城写得好，实在也是因为如今中小学语文的教学让人无奈。我要是教育部的高官，我就要求将这篇小说列为语文教师的必读书目，号召大家向"老杆"学习。当然有很多人会不服气：他算老几？——真的，"老杆"连张大专文凭都没有，教初三自己也疑疑惑惑。然而在我看来，他关于语文功用有最基本也最正确的判断，并且他也按照他相信的去做。他的教学法原也简单,甚至可说是原始:读书简化为认字,作文降低到写"流水账"也行,说自己要说的话,说清楚就行。

这也忒小儿科了吧?但路子却正,用文绉绉的话说,叫"修辞立其诚"。是故他宁要"上学,走,到学校教室,我上学走"这样的一句话作文,也不要抄来的社论。作文里模仿、照抄社论现而今怕是没有了,不过怎么说呢?像模像样地造假,也还是一脉相承。

老杆的教学成果无从查考,他班上的学生比别班多认了些字是肯定的,此外可以拿得出手的,大概就是王福的作文了。不避文抄公的嫌疑,我要全抄在下面:

我的父亲

我的父亲是世界中力气最大的人。他在队里扛麻袋,别人都比不过他。我的父亲又是世界中吃饭最多的人。家里的饭,都是母亲让他吃饱。这很对,因为父亲要做工,每月拿钱来养活一家人。但是父亲说:"我没有王福力气大,因为王福在识字。"父亲是一个不能讲话的人,但我懂他的意思。队上有人欺负他,我明白。所以我要好好学文化,替他说话。父亲很辛苦,今天他病了,后来慢慢爬起来,还要去干活,不愿失去一天的钱。我要上学,现在还替不了他。早上出的白太阳,父亲在山上走,走进白太阳里去。我想,父亲有力气啦。

你若知道王福和他爹的故事，你就会明白老杆看着这篇文句欠通的作文何以会"忽然眼睛干涩"。王福的作文似乎也是一个证明，——证明让孩子们老老实实地写，他们可以写出些什么。

高高在上

要想体验"高高在上"的感觉,大略有以下几种方式:一、住高楼,二十层三十层地住上去,无须登山也可以"小天下",我把坐在旋转餐厅里观景也算作此类,反正都是乘电梯上去,而高楼高塔的顶端,高度也和山顶差不多少,南京的紫金山不过四百八十八米,最高层的建筑紫峰大厦是五百四十,已在其上了。上海四周无山,金茂大厦之类的地方,更是绝对的制高点,我曾上过福州路一带一高楼顶上的直升机停机坪,其时风雨大作,站在上面望下面万家灯火,确有遥望人间的感觉。二、最古老的方式,登山。"会当凌绝顶,一览众山小",古人也唯有这一招,以高度而论,要产生不似人间之感,就必须先来一番登山运动。三、坐飞机,这是现代化的手段,航天飞机之外,人类能达到的高度,就是在飞机上。

人在高处,常有变成哲学家的倾向。所谓"存在决定意识","在"得高,意识仿佛顺理成章就有了"高度"。其实哲学不就是抽身出来,拉开了距离宏观地看待事物?古人上山、登高,总不免有一番感慨,如是文人,更是不可无诗,"登临意",有人会也罢,无人会也罢,总是有的。现在的人要想"高高在上"易如反掌,反倒麻木了。住摩天楼,初时还有莫名的兴奋,时不时要"眺望"一番,到后来则懒得朝下看两眼。坐飞机亦如此,初时的那种异样感格外分明,凌空蹈虚在几千米的高空,有意无意地,就要"思绪万千"起来。到如今,高来高去已成寻常事,要在飞机上"浮想联翩",比在山顶上似乎更来得不易。

所以我坐飞机的记忆,几乎都来自过去。最初几回坐飞机,以当时"意识"的"形态"而论,整个是诗人与哲学家合为一体:既有眼观浮云变幻而来的形象思维想象,也有俯视人间的"抽象"思考。高空下视,由不得你不"抽象",或者说,具象都成了抽象,地面之物越变越小,到最后差不多就像是在看地图,山脉、河流、道路,皆变成点、线、面,人嘛,早已踪影不见。这时候悲观一点,联想到"天地不仁,以万物为刍狗"之类,不能说就有多么意外。在这样的距离、这样的高度上,发出准备打核战争,"中国六亿人死三亿还有三亿"的豪语才不在话下。伟人之为伟人,有一端就是他能够一直立于抽象的高度,无待飞机之上,也能俯视人间。我辈只能偶尔"抽象"一下,说到人,脑子里不免就是具体的人。比如飞机在云上飞,机翼下面大片大片的云,就会想,不知哪一朵云彩在下雨?地面上没带雨具的人,是不是正在发足狂奔?没有一个笼括云之上与云之下的画面,这是看不见的,也只能想象。

色情与情色

沪上作家小白来南京,为新书《表演与偷窥》搞签售活动,我是他的读者,喜欢得紧,遂充数做了一回嘉宾。小白既以描述、解剖色情文化闻名,到了互动的环节,便有读者发问:"情色"与"色情"有何不同?是两回事么?"色情"要不得,"情色"是可以的吧?台上的人有点发懵,"情色""色情"——就像"朝三暮四""暮四朝三",实际上一而二,二而一,不过文字游戏而已吧?倘找对应的外语词,则二者都应是从 erotic 来,岂有他哉?

但不少人的意识中,真还是不可不辨,甚至准词典的维基百科也强作解人:"色情是指以引起性兴奋为目的,而展示或描述人类身体或人类性行为的一种表现。它与情色的概念类似,但是仍然有区别。""情色是具有性意味的描绘,跟色情的主要差异在于情色未必是以引起感官刺激为目的,有时是以性来表达一些概念如哲学、艺术的概念,或借助描写与性相关的内容反映社会等,色情则以刺激受众的性欲为主要目的,但两者的界线往往很模糊。"虽曰"模糊",这样一辨,在我们的语境中,就隐然有了褒贬之意:"色情"绝对是贬意,略等于淫秽,"情色"虽非褒意,好歹有了某种合法性。

厘清二者的界限非我所能,我感兴趣的是其中的褒贬。说汉语"无一字无褒贬"有点夸张,但我们的确是习惯于在词语上面就"立场坚定,旗帜鲜明"起来。小学生的语文训练中有一项,就是给词语"定性",——不是划分动词、名词、形容词,乃是区分"褒义词""贬义词"。比如"雄心"是褒义词,"野心"自然带着贬意,不妨"雄心万丈","野心"则是万万要不得的。在英语中"雄心""野心"则共用同一个表述,ambition可以是"雄心",也可以指"野心",乃是一中性的描述,总之是有抱负吧?——但"抱负"二字一出口我就意识到问题又来了,因为在汉语中它是个褒义词,不能和"野心"挂钩的。

并非西方人就不讲褒贬,只是并不强调词语本身的褒贬,——更多情况下,褒贬是词语进入上下文中获得的。我们则似乎在词语上就先行赋予了道德评判的意味。是中国人的道德化倾向投射在了语言上,还是汉语让我们很难有一个中性的表述空间,许多褒贬分明的词语本身就构成了有色眼镜?"色情"乎?"情色"乎?

人以群分？

"物以类聚，人以群分。""群"怎么"分"，是个问题。以性别分，则为男性和女性；以性取向分，有同性恋和异性恋；以经济地位分，有无产阶级、资产阶级、小资产阶级；以对现状的态度分，有小资和愤青；以政治立场分，有所谓"新左"与"自由主义"；以年龄分，有青少年、青年、中年、老年……后几项还可以再往下细分。最爱分类的大概是年轻人，所以常以青年为喻，比如文艺青年、普通青年、二逼青年，——这是可以画延长线的，亦可有文艺中年、普通中年、二逼中年。

各式各样的划分，有本于学理的，有意识形态的，有"跟着感觉走"的，有社会分析的，有依傍客观依据的，有听凭主观印象的，有一本正经的，亦有揶揄调侃、游戏心态的……现而今是段子时代，没有了划定"成分"的严重性，自然可以想怎么来怎么来。"愤青""小资"的二分法流行了一阵之后，现在似乎是"文艺""普通""二逼"的三分法正当时，捎带着还来了"小清新"，——所指边界模糊，却也不难心知其意。"文艺"在此不可以文学艺术论，"文艺"

与"普通"乃是务虚、务实之别,"文艺青年"的"雅"源自"生活在别处"的向往,时刻准备着为不可思议之事、之人而激动,"普通青年"之"俗"在咬定柴米油盐不放松,并不期待什么"别处",自有面对虚玄之事的"淡定"。"二逼青年"则有几分南京人所谓"邪头"的味道,他倒不是什么都不信,大抵只是不信邪,为人行事乃有一股子不肯循规蹈矩的愣头青的生猛。若令对号入座,现今是盛行"做人要低调"的时候,怕是宁居"普通"而不肯"文艺",虽然心里未必然。梁遇春有篇名为《流浪汉》的文章,将绅士与流浪汉(vagabond)对举,对后者的不安于现状大加赞赏,他所标举的流浪汉精神,与"文艺""二逼"倒有几分相通,但放在今日,大概也得准备接受讪笑了。

梁遇春二十大几,正是"文艺"的时候,乐于将自己归入某一类中,人到中年的周作人就觉很难将自己归类了。他说他身上有"两个鬼",其一是"绅士鬼",其二是"流氓鬼","两个鬼轮流执政,指挥着我的一切行为"。"流氓鬼"老有"撒野"的冲动,"绅士鬼"则来阻止,令其"带住"。事实上细究起来,大约每个人身上都有着彼此矛盾的不同倾向,所以我们虽然轻松地将他人归类,轮到自己,则总觉是出乎其类。近在网上看到一签名甚有趣,道是"基本普通,有时犯二,偶尔文艺",其后又看到"普通""文艺""二逼"的不同组合,也许三者都属"基本面",大多数人皆有之,配比不同而已,——虽然按照不同的配比,也就可以"人以群分"起来。

意　淫

"意淫"一语，似乎源自《红楼梦》，通过贾雨村之口给下的定义，当然，发明权属曹雪芹。直到有网络之前，不管是指性幻想、精神恋，还是定义有别于"皮肤淫滥"的一种人，该词的使用，大略限于熟悉《红楼梦》的"小众"。"大众化"起来，应该是本世纪的事。使用的人群在变，意思也在"升华"，在被"发扬光大"。大体的路径，是从弗洛伊德走向荣格，即从描述个体心理转向描述群体心理，弗洛伊德并未被荣格覆盖，——本义并不"腐朽"，新义则堪称"神奇"。此种神奇见于网民自出机杼的活学活用，尽管大多数时候意淫乃是变身为YY。

网民举着YY指哪打哪、无所不施，说到底还是因为意淫的普遍存在。你可以说，好莱坞大片就是意淫的一种形式，美国人看电影有时候就是一场意淫，内容是形形色色的美国梦。我们不能说美国人的意淫仅限于看电影，不过就意淫的力度而言，他们只能算小巫。我敢肯定中国在这方面不仅是大国，而且是强国，因国人对意淫的投入及其显示的强悍，罕有其匹。对此鲁迅早有洞见，否则他不会以阿Q来指喻国民性，只不过他不说YY，而称之为"精神胜利法"。大规模意淫的例子不胜枚举，比如义和团事件，上至西太后，下至细民百姓，朝野一起投入以巫术胜枪炮的狂想。意淫也可以是不分政治立场的，比如蒋介石已是一败涂地，退据弹丸之地了，愣是口口声声要反攻大陆，玩得还挺逼真，并且至死不渝，宁可搁置"入土为安"的古训。我们这边意淫的时候也不少，而且人多势众，声势浩大。从某种意义上说，"大跃进"就是一场组织化的、大规模的意淫。当然，意淫的巅峰之作，当推文革，"大跃进"没赶上，文革好歹我是赶上了，也就见识了史无前例的群体性的亢奋。所谓意淫，就是闭目塞听，关起门来把自己弄high了。High有各种表现形式，群体性的high，多半是以亢奋为特征。我们亢奋是有道理的，——既然报纸广播已然将"敌人一天天烂下去，我们一天天好起来"的前景营造得美轮美奂，天衣无缝。

文革过去，意淫的高潮亦随之退去，不过基因在那里，意淫之声，也还是不绝如缕。前些时候网上热议电视剧《浮沉》，也便随喜一下。前面看看职场里的风云变幻，倒还新鲜，不道后面国企改革动地而来，虽然除了国家拿出七个亿给奄奄待毙的晶通厂之外，我没看出国企的改制还有什么其他内容，然而不旋踵间，男一号已挟买方市场之利将两大外企公司玩弄于股掌之间，宣布改制大功告成。最叫人血脉偾张的是男一号掷地有声的一句话："外企享受超国民待遇的时代结束了！"——你可以将其视为1949年天安门广场那声

"中国人民从此站起来了!"的小型模拟。只是时过境迁,当年举国上下一片 high,电视剧里的光明结局能让多少人 high 起来,就很难说了。

制造感动

看《中国好声音》于我纯属插曲的性质,——并非"声音"于我如浮云,只是不拘器乐抑或声乐的好声音,通常只听不看。上一回追着声音"看",还是好几年前追看湖南卫视的"超级女声",那很大程度上是因戏外有戏:海选颇像一次选举;这次起初颇有兴味地看,倒是声音的因素多一些,但是中国的事情注定是不能就事论事的,"好声音"临了也不可免地杂入了歌唱之外的声音。某种意义上说,也好,比纯粹的"好声音"更有戏可看。

事实上,"好声音"从一开始就不光是"声音"的事,否则唱歌就唱歌好了,节目组干吗要"节外生枝"地将其定位为"大型励志音乐节目"?励志——正能量?好吧,任何时代任何社会大约都要鼓励乐观"向上",而"感动"似乎是励志或曰传递正能量的不二法门。于是节目制作者随声音送给观众一连串感人的"故事",有无"故事"甚至成为是否让"好声音"完整呈现的一个重要参照。到现在我也不愿做诛心之论,将那些"故事"一概视为造假,我不能忍受的是表演感动,更受不了的是制作者刻意制造感动。云杰唱《鸿雁》,

他的工友在台下应和，那声音里已自有感动在，无待他在台上一遍遍强调其"航天科工"的身份，重复地制造感动，结果是成为"磨光的二戈比"。

"感动"是可以制造出来的吗？制作者对此显然信心满满。虽然有些"故事"的过度利用招致反感，虽然一个个以素人出现的歌手被网民还原出选秀常客的底色，且"好声音"为此付出的代价不可谓不大，然而他们仍然有理由认为，那是制造得还不够完善，倘能将故事造得天衣无缝，网民情势汹汹的质疑自无从说起。你得承认，虚幻的感动是经常发生的，而且也不乏制造感动的成功案例。问题是，制造感动能否转化为一个技术性的问题。感动当源于真实与真诚，真实与真诚是可利用的东西，还是其本身就是一种价值？我相信唯有视为一种价值，所谓"包装"才能行于所当行，止于所当止。

在制造感动方面，我们是有传统的。远的不说，汶川大地震后有关部门的一味煽情就让人记忆犹新。忘不了最初从电视上看到的那些画面带来的震撼，然而后来媒体刻意地追求"催人泪下"，还有一台接一台募捐晚会的表演，让一切统统变味。于此我深信感动的可遇不可求，——不妨假中见真，真中见假，必致幻灭。对"好声音"最感愤怒者，恰是那些被"故事"深深打动的人。

结论是，制造感动的最大代价，将是人们渐渐失去感动的能力。"哀莫大于心死"，不会感动，距"心死"也就一步之遥吧？

"性情中人"

"性情中人"作为一种赞语,我在好多场合听到过。比如在酒桌上,假如你来者不拒,假如你肯"令狐冲"(拎壶冲),你当然就是"性情中人"。比如在单位里,你对自己的利益不争不抢不在意,不碍他人、领导的事,领导也便乐得送你一顶"性情中人"的帽子戴戴。——有时是真心的赞许,有时是惠而不费的好话。但总之,是赞,不是弹。

《中国好声音》里,四导师也是看点,起初都大得称许,观众于"性情"二字,颇不吝惜,那英脱了鞋与选手放声高唱,当然是标准的"性情"之举,不过这二字与"草根"一道,整体而论似乎更是与杨坤绑定的。尽管资历最浅,杨以他的冲动、率真迅速积攒起极高的人气,反面的例子是刘欢,他的矜持、冷静颇让人不耐。谁料想轮到杨坤那组学员四进一,他"罔顾民意",死保据说与他早就相识的金、关二人,于是一夜之间,舆论陡转,他被骂了个狗血喷头。

这让人回过头来检讨"性情中人"的概念。所谓"性情中人"者,当是指情感丰富,率性而为之人,"天命之谓性",由着这本性而自然发露,即为真性情。社会文明程度越高,意味着人之自然性接受更多的规训,世事纷纭复杂,亦令个中人应以更多的世故。"性情"越来越被掩于面具之下,人皆不以真面目示人,这是"性情中人"因珍稀而获称赏的背景,杨坤起初赢得粉丝无数,或亦为此。然则一夜之间,"性情"哪去了?我不知道那场PK的内幕,也不感兴趣,这里且假定杨坤死保金、关二人,只因二人是旧识,不涉利益,纯出于哥们义气。果真如此,杨坤就仍不妨为"性情中人",——"为朋友两肋插刀",岂不是至情至性?单从"率性而为"这一点上看,为朋友不计代价,甘背骂名(杨在微博中自言"背得起'被秦桧'的骂名"),倒是让人佩服的。但是观众显然不买账,一则怀疑哥们义气与利益不可分,——也是,梁山好汉堪称国人心目中标准的"性情中人",细想他们的兄弟之情,其中何尝没有小团体的利益?二则即使是纯出于感情驱使,观众也拒绝继续为杨的"真性情"买单,因为它冒犯了公共生活的原则。

是知所谓"性情"与公民社会有时是冲突的,"性情"关乎情感,是"发乎情",其极境是"为所欲为";遵从多数人的情感和利益则是一项理性的选择,——所谓"止乎礼"不是本性,是修炼。我不敢说公众对杨坤的唾弃显现的就是公民社会的气象,不过拒绝《水浒》式的"性情",不管出于何种原因,总当视为公民意识的初步。

梅什金公爵与贾宝玉

有的时候，你不得不承认，天才就是天才。天才的洞察力哪里是常人可及？

鲁迅自言对陀思妥耶夫斯基不感冒，其小说他只读过《穷人》。《穷人》在陀氏小说中可说是"少作"，他作为"灵魂拷问者"的面目尚未彰显出来。可鲁迅下的考语，其精准、透辟却是很多熟读陀思妥耶夫斯基的专家也再说不出来的。比如"夹着夸张的真实，热到发冷的热情，快要破裂的忍从"；比如说陀氏对笔下人物，"不但剥去了表面的洁白，拷问出藏在底下的罪恶，而且还要拷问出藏在罪恶之下的真正的洁白来"。即使敬而不能爱（鲁迅语），这里仍然有一个天才对另一个天才的感应。

读陀氏作品，一再地想到鲁迅的话，特别是"还要拷问出藏在罪恶之下的真正的洁白"一语。顶真地说，大部分陀氏小说都可以为这句话做注，没了这一层，陀氏便不复为陀思妥耶夫斯基。最能充当这样的拷问者的，大概要数《卡拉玛佐夫兄弟》中的阿辽莎，倘说对人、神的究诘能拷问出"罪恶"的话，那唯有阿辽莎才能看到"真正的洁白"。我更常想到的是《白痴》里的梅什金公爵，——也许是因这个人物与贾宝玉不无相仿也未可知。

简单地说，梅什金公爵与贾宝玉都是属于那种有超感的人，我是说，他们对他人的痛苦都有异乎寻常的感受能力，能够移情他人而浑然忘我，这也就是我们所说的"赤子之心"吧？贾宝玉看到龄官在地上画"蔷"，恐其淋雨染病，心急火燎呼其躲避，不道自己就无遮无盖站在雨中，此等情状，常被人笑为"痴""呆"；梅什金本是个癫痫症患者，恒常为他人的内心的焦虑、挣扎而痛苦，痛苦到如在自身，以致被周围的人讥为"白痴"。贾宝玉是个未成年，梅什金公爵则如本雅明所说，"具有最纯净的孩童气质"，然而浊世滔滔，这二人根本"无立足境"，梅什金公爵最后诚然是被人杀死，但在此之前他已然感受周遭的苦难而精神崩溃，贾宝玉则因负荷不了大观园的毁灭而选择了"方是干净"的弃绝尘世。

当然，梅什金公爵的痛苦更具形而上的性质。贾宝玉的移情当中并不包含对于罪恶中"真正的洁白"的拷问。至于梅什金公爵，有一个情节可说是将这拷问具象化了：他第一眼就从纳斯塔西亚·菲利波芙娜玩世不恭的表情后面看出了痛苦，不管那个陷入自我毁灭不能自拔的女人有怎样疯狂的、侮辱性的言动，他总是直视着她，执拗地道："其实你不是这样的！"菲利波芙娜的自我挣扎，她片时的面对自我，何尝不是某种回应？

在一个沉沦的时代，有时真希望有个声音来提示我们："你其实不是这样的！"

两个蠢人

好多年前读杨绛先生的《春泥集》，内中有一篇文章是说简·奥斯丁的，其他的评说都模糊了，只记得她有一个很感性的描述：说奥斯丁仿佛是立在她的小说世界边上，抿了嘴"会心而笑"。那样的评说方式搁在今日的论文答辩会上，十九要被判为缺乏"理论深度"，然而要论阅读的别有会心，当是杨先生才可以与奥斯丁相视而笑的。

不待后来那些传记、传记片，单是从《傲慢与偏见》里也不难看出奥斯丁的冰雪聪明，这样眼尖的人，蠢人蠢事一一瞧个分明，要她不发笑也难。记得三十年代某一期《论语》封面上摘了句书里的话做题词，大意是，人来世上一遭，岂不就是笑笑人家，也让人家笑笑自己？（大意如此）这话应该是出自班奈特先生之口，——真是玩世不恭得可以。奥斯丁似乎没到这地步，但在小说里当然也断不肯放弃笑的权利。《傲慢与偏见》里诸多登场人物，能够逃过她"会心一笑"的，屈指可数。只是虽然同在喜剧性的世界，可笑指数还是有高下之别。某日课上随嘴问了一句：倘要评出书中的头号蠢人，哪一位最该入选？诸生意见不一，有说伊丽莎白那位让人哭笑不得的老妈，即班奈特太太的，也有力挺柯林斯的。也就见得在愚蠢的程度上，这两位可谓一时瑜亮，难分伯仲。

何等样人即可谓之"蠢"，定义很难下。《尔雅·释训》说，"蠢，不逊也"，不谦逊就是蠢。这意思现今不大用了，用来解这二位倒还合适。见事不明大概谁也不免，谁都有犯糊涂的时候，他二人的与众不同之处，固在于糊涂得不同凡响，然更在于总是蠢得特别理直气壮。班奈特太太的一惊一乍没少让她的家人难堪，难得的是她行起事来仿佛谁也没她的理来得天经地义，怀揣着类于"有钱的单身汉总要娶位太太"这样"举世公认的真理"而志不得申，也难怪她倍感委屈，胃气频犯。

理直气壮的人须具备过人的自信，在自我感觉良好这一点上，我认为柯林斯要更胜一筹。他相信娶班奈特家一个女儿是他应该承担的义务，肯于担当则令他不禁要高看自己两眼。老大已经有主了？那就老二，他一点也没挑肥拣瘦的意思。班奈特太太毕竟是女流之辈，遭挫折不免怨气满腹，柯林斯则感觉良好到从无挫折感。比如伊丽莎白拒绝他的求婚，他即料定那不过是出于淑女的矜持，不惮于当面道出这一点且表示出对被拒毫不介怀的大度。即至婚事彻底无望，他也没半点沮丧，因为要说损失，受损的也是不识抬举的丽萃。

鉴于上述二人有时蠢到不可思议，我很怀疑奥斯丁写《傲慢与偏见》是否能始终将她的笑维持在"会心一笑"的尺度上，用网上常见语，偶尔"笑翻"恐亦在所难免吧？

演讲与清谈

口才好的人往往占便宜，大至政坛上的纵横捭阖，小至普通人的求职，都是如此。此所以图书市场上口才训练的书籍也能自成一类。好像向来是如此。英文词 eloquence（口才）有"雄辩"之意，古希腊罗马之"雄辩术"，也可视为口才的专门训练。当然，雄辩术是民主政治的产物，若为专制政体，一切皆于暗箱中操作，先关起门来搞定一切再来"昭告天下"，口才也就没了用武之地。职场上用人单位有"内定"一说，口才和其他的"才"一样，自然也不能作数。

关于"口才"的定义，都是偏于滔滔雄辩的一面，以我之见，若"口才"二字就是指口头表达能力强，那仅仅盯着雄辩说事儿，就不免有以偏概全之嫌。尽有人大庭广众之下嗫嚅不能言，熟人朋友闲谈之际却是滔滔不绝逸兴遄飞的，凭什么前一场合的表达就独占"口才"之名？

大而化之，我们可以将口才的表现依照面对的对象分为两种类型，面对大众的是"演讲"，面对小圈子的是"清谈"。这在文章上面也不是不可以找到对应：前者多少带有社论腔，后者则是随笔、小品的调子。善"清谈"者未必善"演讲"，反之亦然。当然也有二者兼擅的，比如胡适，比如鲁迅。胡适演讲的本领是在美国留学时搞学生社团活动就有意识练的，他的留学日记里就不乏这方面的记述。鲁迅则似乎不学而能，他的性格、气质也许并不适于做个演讲家，其演讲风格也不是抑扬顿挫、振振有词的一路，然其公众场合的言谈仍是十分抓人，内容的精彩《鲁迅全集》里的多篇演讲稿可以为证，现场热烈的气氛则诸多回忆文章里是有案可查的。另一方面，胡、鲁二人也是清谈的高手，——大庭广众之下，能令听众掌声雷动，而熟人友朋之间，也能令对谈者如坐春风。

趋于一端的自然也不少，现代名作家当中，周作人、沈从文即是显例。周作人演讲和他上课一样，几乎就是低了头小声念讲稿，沈从文则我听老辈人说过，到燕京大学与学生座谈，尚不是演讲性质，却便未语先就面红，乃至于令听众替他着急。然到了私下里，二人都能娓娓而谈，令听者忘倦。

不能说演讲就是表演的性质，不过说清谈更近本色，恐怕是真的。演讲可以气势取胜，清谈则更须肚里有货；演讲有"术"，清谈至少是不讲究"术"。演讲讲究的是逻辑和煽情，清谈则更多即兴意味，不妨片断化。对象不同，容不得错位。大庭广众之下轻言慢语起来多半是砸锅，三五人间"声色俱厉"起来，恐怕也乏人赞赏。试想《百家讲坛》上风光无限的于丹女士，到小圈子里满嘴书面语出口成章声情并茂起来，效果如何？

丁香花开

前几天遇一同事,说天一暖植物园丁香花该已开了,星期天要领几个学生去看。我开玩笑说:"你能肯定戴望舒的诗与那里的丁香有关?"话出口才想起,还真不知丁香花开了是何模样,——想来不单是我,许多人心里朦朦胧胧似有丁香花的身影,恐怕都是拜戴望舒的《雨巷》所赐。

真的只是个幻影,而且丁香十有八九还要被诗中的窈窕美女所掩,甚至根本无形,因为诗里丁香花并不"在场",既非戴在鬓边,也非持于手中,只是在"一个丁香一样的/结着愁怨的姑娘"的意象中充当借喻。戴望舒将丁香与"愁怨"嫁接到一起依循的是何种逻辑,当年读时也未曾分解,既然诗中美人有"丁香一样的颜色,丁香一样的芬芳","愁怨"当是从丁香花的形色气味上生发的吧?也巧,某日去一老先生家拜访,见院里一株不知名目的树正开着一房房的白花,一问之下,却是丁香。老人高兴,便命折了许多枝带回。一路香回家,走到小区里不住有人好奇询问,——也是,现而今都市里的人对花的认识多半已是从花店里来,丁香却从未见在花店里出现。

我对丁香倒也不是一无所知，过去南京的餐馆里上桌率很高的菜中有一道，叫作"丁香排骨"的，就以丁香入馔。但是可口的排骨里自然吃不出"愁怨"，由戴望舒的诗联想到吃上面去，也未免太煞风景。那晚上便决意做一回雅人，将花插在瓶中闻香，细辨形色。丁香的气味是一种浓郁的甜香，似并无梅花"暗香浮动"的清逸飘忽，哪来的"愁怨"？诗人要这么说，也只好由他。倒是花的形色好像还连得上：很小的花朵，四片细巧的花瓣怯怯地展开，有点小家碧玉相。据说丁香花白色的一种之外，就是紫色的，颜色也算对景。倘是大朵的花，深浓的色泽，诗人怕是便"愁怨""寂寥"不起来了。

只是花朵小而色泽淡雅的花多了去了，何以偏是丁香？恍惚记得古诗里有写到丁香的句子，并不冷僻的，一时竟想不起。于是打电话问一古典文学专业的老同窗，他随口为诵李璟的《浣溪沙》，且断言："《雨巷》嘛，就是从'丁香空结雨中愁'一句来的。"言下大有一种古典对现代的优越。我不跟他辩二诗意境的不同，因他做一手好菜，于饮馔上亦博学多闻，便问是否知道丁香排骨的做法。他且不回答，道："问这个？俗了吧？"